THOMAS KAISER

DER START IN DIE NATURFOTOGRAFIE

Landschaft, Tiere und Pflanzen gekonnt in Szene setzen

humboldt

INHALT

VORWORT

Sie haben einen Blick für die Schönheiten der Natur und sind gern bei Wind und Wetter draußen? Sie liebäugeln mit der Anschaffung einer Fotoausrüstung oder haben bereits ein Equipment? Sie wollen mit Naturfotografie beginnen oder sich ins Thema vertiefen? Dann sind Sie hier genau richtig.

Naturfotografie bedeutet nicht, immer mit einem fotografischen Ergebnis nach Hause zu kommen. Sie hat viel mit Beobachten und Staunen und vor allem mit einer intensiven Beschäftigung mit dem Motiv vorab zu tun. Entwickeln Sie Gelassenheit, ohne sich unter Erfolgsdruck zu setzen, denn kein Bild lässt sich erzwingen.

Bei mir war und ist es immer noch so, dass mich die Werke von anderen Fotografen inspirieren und zur Nachahmung ermutigen. Daher möchte auch ich Ihnen nun gern einige Tricks und Kniffe verraten, wie ich in der Umsetzung einer Bildidee vorgegangen bin. Gern würde ich Sie auch davor bewahren, vor Enttäuschung und Wut bei einem Misserfolg Ihre Ausrüstung in einem Teich zu versenken. Genau das habe ich nämlich selber in meiner Anfangszeit als Fotograf gemacht, als nach fünf Stunden Warten endlich „mein“ Eisvogel kam und ich vor Aufregung die Aufnahme verwackelte.

In der Naturfotografie gibt es keine Garantie für Erfolg. Mit den Jahren gehe ich jedoch mit Misserfolgen gelassener um. Ein gezieltes und planvolles Vorgehen erhöht die Chancen für eine gute Aufnahme jedoch. „Da haben Sie aber Glück gehabt!“ – wie oft habe ich diesen

Satz schon gehört. Aber: Mit Zufall oder Glück haben gute Naturfotos nur in ganz wenigen Ausnahmefällen zu tun. In der Regel sind sie vielmehr das Ergebnis von guter Vorarbeit, Recherche, Artenkenntnis und einer durchdachten Strategie.

Ich weiß nicht, wie viele tausend Bilder ich pro Jahr mache. In der Bilanz bleiben jedoch nicht mehr als 20 bis 30 gültige Aufnahmen übrig. Bleiben Sie Ihren Bildern gegenüber selbst immer der größte Kritiker. Lernen Sie die Arbeiten anderer Fotografen zu schätzen und fragen Sie sich oder besser noch den Fotografen, wie er das gemacht hat.

Um ein Feedback zu Ihren Aufnahmen zu bekommen, sind Fotografentreffen sehr hilfreich: Nur über Bildkritik können Sie sich weiterentwickeln. Allein Zeit und Mühe für eine Aufnahme aufgebracht zu haben, ist kein Qualitätsmerkmal. Entscheidend ist, ob es Ihnen gelungen ist, den einen Moment so einzufangen, dass der Betrachter sich emotional beteiligt und angesprochen fühlt. Eine gültige Aufnahme zeichnet sich dadurch aus, dass sie technisch perfekt ist und eine Geschichte erzählt.

„Ja – aber wo bleibt die Technik?“, werden Sie sich jetzt vielleicht fragen. Auch wenn Ihnen die Fotoindustrie da etwas anderes vormachen möchte: Entscheidend ist das, was hinter der Kamera passiert. Dennoch kann ich Ihnen ein paar Grundlagen nicht ersparen. Sie erfahren im Kapitel „Die Ausrüstung“ etwas zu den gängigen Kameramodellen und Objektiven für unterschiedliche Einsatzbereiche sowie zu den notwendigen Hilfsmitteln für Landschafts-, Makro- und Telefotografie. Wie Kamera und Objektiv arbeiten und welche Einstellungen Sie wählen sollten, lesen Sie im Kapitel „Einstellungen an Kamera und Objektiv“.

Damit Sie Ihre Motive gültig auf den Kamerachip bannen können, verrate ich Ihnen in „Tipps und Tricks“ das eine oder andere Geheimnis für die Landschafts-, Makro- und Telefotografie. Mit Hinweisen zu Kameraeinstellungen und Bildgestaltung steht Ihrer ersten Fotoexpedition dann nichts mehr im Wege.

Da Ihre Kamera – leider – noch kein fertiges perfektes Bild liefern wird, erfahren Sie im Kapitel „Bildbearbeitung“, was notwendigerweise nach der Fototour ansteht, aber da ich wie Sie lieber draußen bin, werde ich mich dort auf das Wichtigste beschränken.

Das eigentliche Kernstück dieses Buches bildet jedoch der Workshopteil: Anhand von Bildbeispielen erläutere ich Ihnen Stück für Stück, wie Sie mit eigenen Mitteln gute Aufnahmen machen können.

In diesem Sinne – gut Licht!

Ihr
Thomas Kaiser

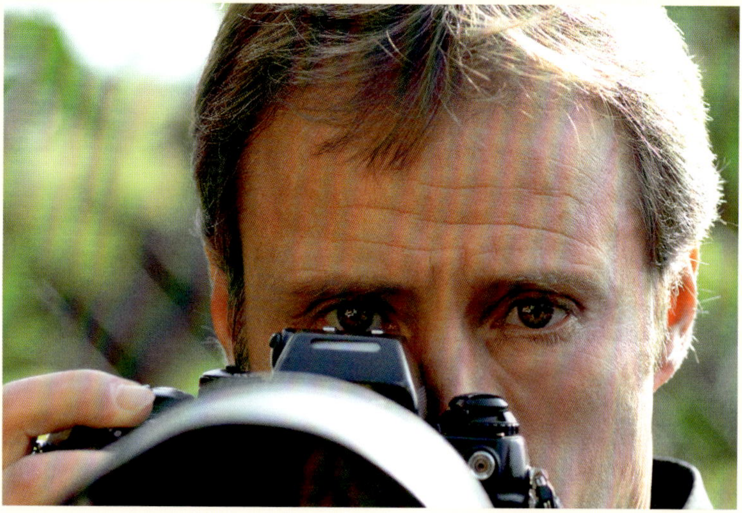

DIE AUSRÜSTUNG

Welche Kamera eignet sich am besten für die Naturfotografie? Mit welchen Objektiven erziele ich die besten Ergebnisse? Und was brauche ich noch, damit mir das perfekte Bild gelingt? Diese und weitere Fragen beantwortet das folgende Kapitel.

Die Kamera

Sie stehen noch vor der Kaufentscheidung und wälzen Fotozeitschriften und Tests? Lassen Sie sich nicht verrückt machen. Alle Kameras jenseits der zwölf Megapixel, also zwölf Millionen Bildpunkte, sind bestens geeignet. Damit können Sie Abzüge im Format 60 x 90 cm machen lassen, Ihre Bilder in einer Fotozeitschrift gedruckt sehen, in einer Beamer-Präsentation zeigen oder im Internet präsentieren.

In der Praxis sind die Qualitätsunterschiede für unsere Zwecke unbedeutend: Ob spiegellose Micro-Four-Thirds-Kamera, Kamera mit APS-C-Sensor oder Vollformat-Kamera: Jede hat Vor- und Nachteile in der Anwendung, nicht jedoch wesentlich in der Bildqualität.

Die Micro-Four-Thirds-Kamera ist extrem leicht und handlich bei einer (noch) eingeschränkten Objektivpalette. APS-C-Kameras haben im Telebereich den Vorteil, dass durch den im Vergleich zum Vollformat kleineren Chip eine etwa 1,5-fache Verlängerung der Brennweite entsteht. Das bedeutet, ein Vollformat-200-mm-Objektiv wirkt sich bei einer APS-C-Kamera wie eine Brennweite von 300 mm aus.

Bei Vollformat-Kameras verhält sich das gerade umgekehrt: Ein 20-mm-Weitwinkelobjektiv bleibt ein Weitwinkel und mutiert nicht zu einem 30-mm-Objektiv. Vollformat-Kameras sind für diejenigen interessant, die noch Objektive aus analogen Zeiten haben, sie sind jedoch wegen des größeren Sensors auch unhandlicher und schwerer.

Sensorgrößen:
Vollformat: 24 mm x 36 mm (ursprüngliches Kleinbildformat)
APS-C: 22,5 mm x 15,0 mm
Micro Four Thirds: 17,31 mm x 12,08 mm

Aus meiner Sicht viel wichtiger als das Kameraformat und die Kameramarke ist die Frage „Welche Objektivpalette steht mir zur Verfügung?“

Das Objektiv

Welche Objektive Sie wirklich brauchen, hängt von Ihrem Anwendungsgebiet ab. Im Wesentlichen gibt es zwei Objektivtypen: das Zoomobjektiv und die Festbrennweite. Da in Zooms viel mehr Linsen verbaut werden müssen, sind diese nicht so licht- und leistungsstark wie Festbrennweiten. Dafür sind Sie mit einem Zoom-Objektiv flexibler in der Festlegung des Bildausschnitts.

Für die Landschaftsfotografie kommen Sie mit zwei Zoomobjektiven aus, die eine Brennweite von 24–120 mm und 80–200 mm abdecken. Ich persönlich arbeite bei Landschaftsaufnahmen gerne mit langen Brennweiten.

Für die Makrofotografie werden spezielle Objektive entwickelt, die den Abbildungsmaßstab von 1:1 abdecken. Sie werden mit Brennweiten von 50 mm bis 200 mm angeboten. Die längere Brennweite hat den Vorteil, dass Sie Ihrem Motiv nicht so nah auf den Pelz rücken müssen und interessantere Perspektiven bekommen. Größere Brennweiten haben auch die Eigenschaft, Hintergründe besser unscharf aufzulösen. Für die kürzere Brennweite spricht, dass diese Objektive in der Regel lichtstärker und auch leichter und kleiner sind.

Für sehr kleine Motive, wo der Maßstab 1:1 nicht mehr reicht, gibt es kein Angebot von der Stange. Ich behelfe mich mit einem Balgengerät und einem 50-mm-Objektiv aus einem Fotovergrößerer, den ich in Retrostellung mittels Adapter anschraube. Das ist eine kostengünstige Lösung und erlaubt Aufnahmen bis 1:10. Lassen Sie sich dazu im Fachhandel oder im Internet beraten. Bildbeispiele mit Balgengerät werde ich Ihnen später im Workshopteil zeigen.

Für die Tierfotografie benötigen Sie eine lange Brennweite. 400 mm bis 500 mm sind dafür ausreichend. Wenn Sie sich für eine Kamera

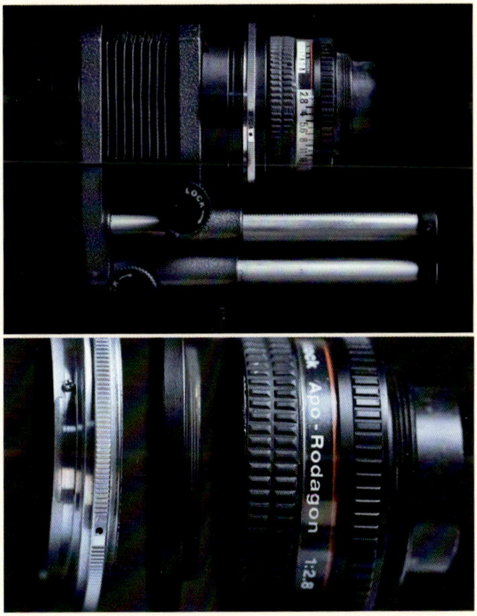

Balgengerät und Objektiv in Retrostellung für sehr kleine Motive

im APS-C-Format entscheiden, reicht Ihnen dank des Verlängerungsfaktors von 1,5 (gilt bei Nikon-Kameras; für Kameras von Canon beträgt der Crop-Faktor 1,6) ein 300-mm-Objektiv (300 mm x 1,5 = 450 mm). Damit sind Sie gegenüber den Vollformat-Kamerabesitzern im Vorteil. Ein lichtstarkes 500-mm-Objektiv geht schon mal an die 10.000 €, aber ein sehr gutes 300-mm-Objektiv bekommen Sie für einen Bruchteil.

Die Anforderungen an die Abbildungsqualität und Lichtstärke sind im Telebereich recht hoch, daher rate ich Ihnen hier zur Festbrennweite. Je länger die Brennweite Ihres Teleobjektivs, desto besser? Ja und nein: Mit der sehr langen Brennweite von 600 mm (600 mm x 1,5 = 900 mm) sind Ihre Motive bei der gleichen Entfernung zum Motiv wie mit dem 300-mm-Objektiv doppelt so groß abgebildet. Gleichzeitig aber erhöht sich die Fehlerquote durch stärkere Verwacklungsgefahr und falschen Schärfefokus.

WENIGER IST MEHR

Je nach Ihren Vorlieben benötigen Sie natürlich nicht die ganze Objektivpalette. Konzentrieren Sie sich zunächst auf ein Anwendungsgebiet und machen Sie dort Ihre Erfahrungen. Ich wage mal zu behaupten, dass es ohnehin nur wenige Naturfotografen gibt, die alle Bereiche auf einem Niveau abdecken können.

Zubehör

Was Sie immer brauchen

In den seltensten Fällen kommen Sie mit dem PKW direkt an Ihren Fotoplatz. Ein kleiner leichter Fotorucksack ist unumgänglich. Eine kleine Isomatte für die Knie schützt gegen Feuchtigkeit und spitze

Steine. Und auch wenn es sich komisch anhört: Nehmen Sie einen Dreibeinhocker und Verpflegung mit – bei bewegten Motiven kann sich die Sache hinziehen. Ob Sie sich spezielle Naturfotografenbekleidung anschaffen wollen, überlasse ich Ihnen. Der leicht martialische Anblick eines mit Tarnanzug und Ausrüstung bewaffneten Fotografen ist nicht jedermanns Sache.

Landschaftsfotografie

Um auch bei längeren Belichtungszeiten arbeiten zu können, braucht Ihre Kamera einen manuellen oder elektronischen Fernauslöser. Auch ein solides Stativ ist unumgänglich. Die erste Wahl sind Stative aus Karbon, denn sie sind leicht und schwingungsarm. Achten Sie darauf, dass es sich mindestens auf Ihre Augenhöhe ausziehen lässt. Auch sollten die Beine so verschränkbar sein, dass Sie in Bodennähe fotografieren können.

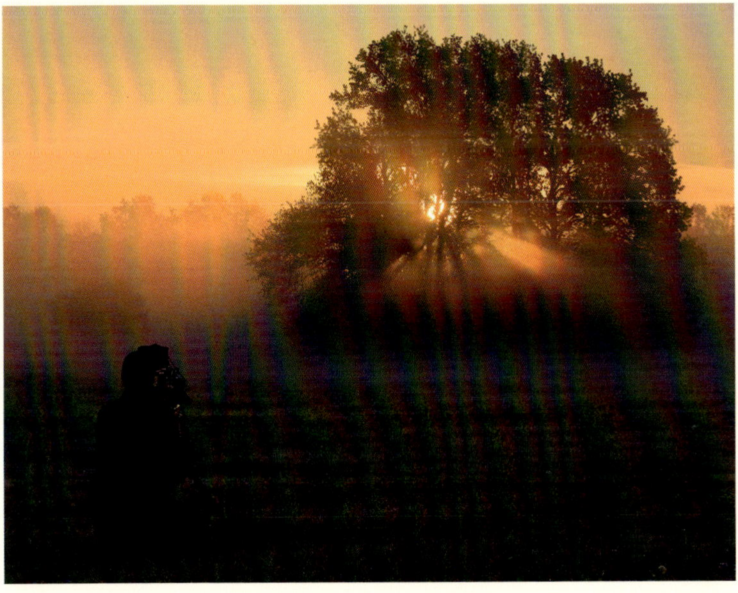

Bei der Arbeit

Als Stativkopf kommt nur ein Kugelkopf in Frage. Je nach Hersteller sind diese mit einem Schnellwechselsystem ausgestattet. Eine Kupplung ist an der Kamera, manchmal auch am Objektiv, nämlich an der Stativschelle, montiert. Damit sind Sie schneller, und das lästige Geschraube entfällt. Bei manchen Landschaften bietet sich eine Panoramaaufnahme an. Dafür gibt es im Handel spezielle Aufsätze für Ihren Stativkopf.

Auch die Gegenlichtblende ist ein wichtiges Werkzeug für die Bildgestaltung. Sie sollte immer auf dem Objektiv sein.

Makrofotografie

Hier gehen wir sehr weit runter: Die meisten Motive erwarten uns im Bodenbereich. Bietet sich die Möglichkeit, einen Winkelsucher an den Sucher Ihrer Kamera anzuschrauben, ist das nicht verkehrt. Der Winkelsucher wird entweder aufgesteckt oder eingeschraubt und lenkt das Bild über einen Spiegel oder ein Prisma um, sodass Sie das Sucherbild bequem von der Seite oder von oben betrachten können.

Besitzt Ihre Kamera ein Klappdisplay, erfüllt dieses den Zweck genauso. Sie können aber natürlich auch selber ganz weit runtergehen – ich liege eigentlich ganz gern auf dem Boden, wenn es bequem genug ist.

Was die Stabilisierung der Ausrüstung angeht, brauchen wir eine andere Lösung als bei der Landschaftsfotografie: entweder ein spezielles Bodenstativ mit sehr kurzen Beinen oder – sehr effektiv und preiswert – einen Bohnensack. Es handelt sich dabei, wie der Name schon sagt, um einen Sack, meistens aus Leder, der mit trockenen Bohnen gefüllt ist. Den bekommen Sie im Fachhandel oder machen ihn selbst. Damit sind Sie flexibel, kommen wirklich tief runter, und Kamera und Stativ liegen erschütterungsfrei auf.

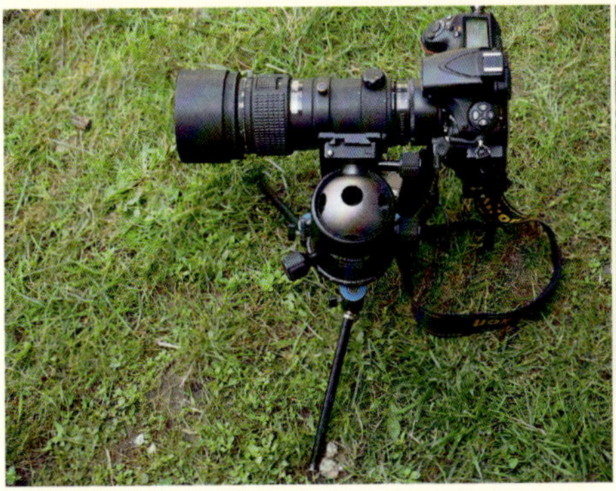

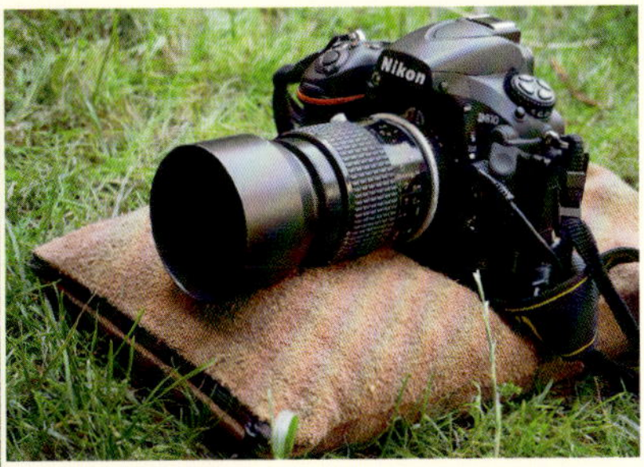

Bodenstativ und Bohnensack leisten bei der Stabilisierung gute Hilfe

Für eine zusätzliche Ausleuchtung sorgen spezielle Aufhellfolien aus dem Fachhandel. Das Licht wird dabei von der Folie reflektiert und schafft eine gleichmäßige und farblich ansprechende Motivausleuchtung ohne Schatten. Ob Ihnen der Effekt gefällt, können Sie mal mit der Goldbeschichtung einer Räucherlachsverpackung ausprobieren. Schmeckt und funktioniert! Auch mit LED-Taschenlampen lassen sich hübsche Lichteffekte zaubern; einige Beispiele dazu finden Sie im Workshopteil.

Vielleicht fragen Sie sich jetzt: „Warum nicht einfach einen Blitz verwenden?“ Ich persönlich arbeite lieber mit dem vorhandenen Licht und zusätzlichen Aufhellern, denn so kann ich die tatsächliche Bildwirkung und Lichtführung gleich im Sucher prüfen. Bei einem Blitzgerät sehe ich das Ergebnis erst nach der Aufnahme, außerdem wirkt Blitzlicht oft verfälschend.

Zur Vermeidung harter Schlagschatten verwenden Sie einen Durchlichtschirm. Der Fernauslöser ist auch hier ein Muss.

Telefotografie

Die Tragfähigkeit des Stativs und des Stativkopfes sollte auf das Gewicht Ihrer Ausrüstung abgestimmt sein. Beachten Sie dabei die Herstellerangaben. Ganz grundsätzlich bietet auch hier ein Karbonstativ Vorteile. Kugelkopf ist obligatorisch.

In Mitteleuropa haben alle Wildtiere eine große Fluchtdistanz. Um einen Vogel in der Größe einer Amsel ansprechend aufs Bild zu bekommen, müssen Sie bei einem 400-mm-Teleobjektiv bis auf fünf Meter an Ihr Motiv ran. Das macht kein Vogel mit. Also: Besorgen Sie sich ein Tarnversteck. Das bekommen Sie bereits für unter 100 €. Achten Sie beim Kauf darauf, dass Ihr Versteck neben dem „Objektivtunnel", also der Öffnung, durch die Sie Ihre Optik schieben, auch über ausreichend Beobachtungsschlitze verfügt. Auch einen Ausgang für das vordere Stativbein sollte es haben.

HAUPTSACHE UNAUFFÄLLIG

Kleine Tarnverstecke in Wurfzelt-Technik sind unauffälliger in der Landschaft, bieten jedoch nur Platz für eine Person. Ob Camouflage oder Grün, scheint meiner Erfahrung nach den Tieren egal zu sein.

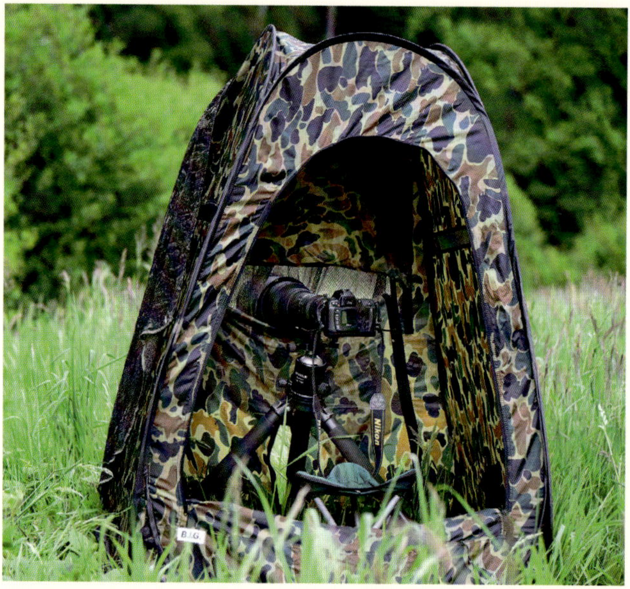

Ein-Personen-Tarnzelt in Wurfzelt-Technik mit Objektivtunnel

EINSTELLUNGEN AN KAMERA UND OBJEKTIV

Ihre Kamera verfügt über viele Rädchen und Knöpfe, ist vollgepackt mit Technik und hat unzählige Einstellmöglichkeiten. Die gute Nachricht: Davon brauchen Sie zunächst nur ein paar wenige zu beherrschen! Im Folgenden erfahren Sie, worauf es grundsätzlich ankommt: Blende, Verschlusszeit, Schärfepunkt und ISO-Wert.

Blende

Die Blende regelt die Schärfe eines Bildes. Ist sie weit geöffnet, fällt viel Licht auf den Sensor, ist sie geschlossen, fällt wenig Licht darauf.

Bei jedem Bild gibt es einen Schärfebereich. Dieser Bereich bestimmt, was scharf abgebildet wird und was unscharf. Ist die Blende offen, ist der Schärfebereich rund um den fokussierten Punkt klein; ist sie geschlossen, wird er größer.

Verschlusszeit

Die Verschlusszeit regelt, wie lange Licht auf den Sensor fällt. Wir brauchen in der Naturfotografie zwei Einstellungen: die Zeitautomatik (A oder Av) und die manuelle Einstellung (M).

Zeitautomatik

Bei der Zeitautomatik brauchen wir uns nicht weiter zu kümmern: Die Kamera sucht zur Einstellung der Blende automatisch die korrekte Belichtungszeit. Hier gilt: Je kleiner die Blende, umso länger die Belichtungszeit. Verschlusszeiten unter 1/60 sec werden Sie ohne Stativ und Fernauslösekabel wahrscheinlich verwackeln. Nützlich ist hier die Spiegelvorauslösung (gilt nicht für spiegellose Kameras), die den sogenannten Spiegelschlag vermeidet, indem der Spiegel vor der eigentlichen Aufnahme hochgeklappt wird. Die meisten höherwertigen Spiegelreflexkameras verfügen über eine solche Technik.

BELICHTUNGSSERIEN

Hat Ihre Kamera eine Funktion für Belichtungsserien (auch Bracketing genannt), sollten Sie diese unbedingt nutzen. Stellen Sie dabei auf mindestens drei Blenden Unterschied ein. Ihre Kamera macht nun drei verschiedene Bilder, z. B. ein Bild mit 1/8 sec, 1/16 sec und 1/30 sec.

Überprüfen Sie nun im Display auf dem Histogramm (das im Display angezeigte Bild ist viel zu ungenau), wie die hellen und dunklen Bildwerte verteilt sind. Das Histogramm bildet die Verteilung der dunklen bis hellen Tonwerte der Aufnahme als Kurve ab: Rechts sind die hellen, links die dunklen Werte. Belichten Sie immer nach rechts im hellen Tonwertbereich. Ein Bild später dunkler zu bearbeiten ist kein Problem, heller zu bearbeiten schon, denn da entsteht hässliches Bildrauschen, das heißt, das Bild erscheint körnig.

Manuelle Belichtung

Mit manueller Belichtung (M) arbeiten wir in extremen Lichtsituationen. Das kann Gegenlicht sein, die blaue Stunde oder Nachtaufnahmen mit Sternenhimmel. Unsere Blendeneinstellung bleibt. Bei der manuellen Einstellung für extreme Lichtsituationen tasten wir

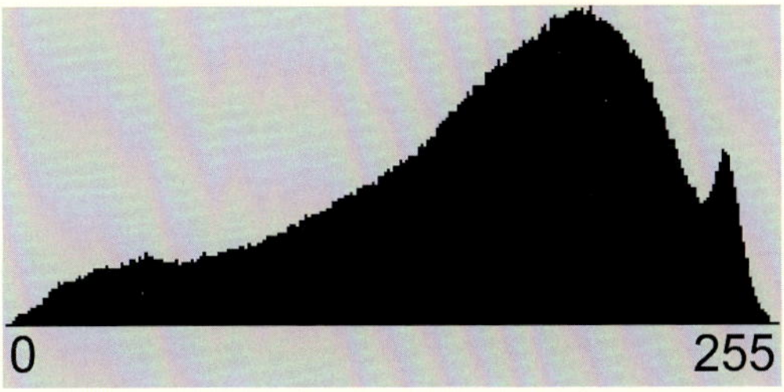

Im Histogramm prüfen Sie die Verteilung der hellen und dunklen Bildwerte

uns zunächst an die korrekte Belichtungszeit ran: Wenn Sie den Auslöser halb durchdrücken, um zu fokussieren, misst Ihre Kamera das einfallende Licht bzw. die Helligkeit. Im Sucher sehen Sie am unteren Rand einen Balken, an dem Zahlen stehen. Sie drehen nun so lange am Zeiteinstellungsrad, bis der Balken von Blende und Zeit übereinstimmt, also auf 0 steht. Sehen Sie am besten in der Anleitung Ihrer Kamera nach, wie dieser Belichtungsmesser bei Ihnen angezeigt wird.

Wir machen nun eine Probeaufnahme und überprüfen im Histogramm, wie die Tonwerte verteilt sind. Je nach Anzeige stellen wir nun eine kürzere oder längere Verschlusszeit ein. Die manuelle Belichtung ist notwendig, da der Belichtungsmesser selbst in der teuersten und modernsten Kamera im Grunde dumm ist: Er kann nur hell und dunkel unterscheiden. Sind die Unterschiede von hellen und dunklen Bildbereichen zu groß, versagt er kläglich.

Schärfepunkt

Bei einem abgeblendeten Objektiv liegt die Bildschärfe ein Drittel vor und zwei Drittel hinter dem scharfgestellten Bereich. Diese Gesetzmäßigkeit müssen Sie bei allen Anwendungsbereichen beachten. Haben Sie beispielsweise Bäume im Vordergrund und einen Berg im Hintergrund, fokussieren Sie die Bäume, nicht den Berg!

ISO-Wert

Der ISO-Wert bestimmt, auf welche Lichtempfindlichkeit der Sensor eingestellt werden soll. Je höher, also empfindlicher der ISO-Wert eingestellt ist, desto mehr „rauscht" das Bild, das heißt, es wirkt etwas unschärfer. Versuchen Sie daher, den ISO-Wert so niedrig wie möglich zu halten.

Bildformat

Zuerst müssen Sie sich die Frage stellen, was Sie mit Ihrem Werk nach der Aufnahme machen wollen. Wenn Sie damit zufrieden sind, wie die Kamera Ihr Bild in Sachen Schärfe, Brillanz und Farben entwickelt, können Sie den nächsten Absatz überspringen. Wenn nicht, müssen wir uns kurz über das Bildformat unterhalten.

Ihre Kamera macht, wenn Sie ihr keine andere Einstellung vorgeben, ein JPEG-Bild. Ein JPEG-Bild ist eine quasi fertige Aufnahme, bei der die Bildinformationen komprimiert werden. Alle nachträglichen Veränderungen in einem Bildbearbeitungsprogramm führen zu einer Verschlechterung der Aufnahme. Wenn Sie dies nicht akzeptieren wollen, müssen Sie im RAW-Format fotografieren. Dabei handelt es sich um das Rohbild, das unbearbeitete „digitale Negativ".

Nur das RAW-Bild enthält alle aufgenommenen Bildinformationen! Erst nach der Bearbeitung in einem RAW-Konverter oder RAW-Bildbearbeitungsprogramm wandeln Sie Ihre Aufnahme in ein JPEG- oder TIFF-Formatbild um. Mehr dazu im Kapitel „Bildbearbeitung".

TIPPS UND TRICKS

Die drei Bereiche der Naturfotografie umfassen Landschafts-, Makro- und Telefotografie. Wie Sie für jedes Gebiet jeweils das Beste aus Ihrer Kamera herausholen, welche Tricks es gibt, Spannung in Ihrem Bild zu erzeugen, und welche Regeln generell bei der Naturfotografie gelten, erfahren Sie im folgenden Kapitel.

Landschaftsfotografie

Kameraeinstellungen

Eine Landschaftsaufnahme lebt von ihrer Tiefenwirkung, egal ob Sie eine kleine oder größere Brennweite wählen. Das heißt, das Bild sollte von vorn bis hinten scharf sein, also eine große Schärfentiefe haben. Um diesen Effekt zu erzielen, wählen Sie an Ihrem Objektiv eine relativ geschlossene Blende, also etwa Blende 8 (f/8) bzw. Blende 11 (f/11).

Ihr Objektiv geht sogar bis Blende 22 (f/22)? Ja, aber: Bei zu starkem Abblenden tritt der Effekt der sogenannten Beugungsunschärfe auf. Im Ergebnis leidet die Schärfe Ihrer Aufnahme. Das Ganze ist höhere Physik und müssen Sie nicht verstehen. Als ungefähre Regel sollten Sie bei einer Kamera mit kleinem Sensor (Micro Four Thirds und APS-C) daher nicht weiter als auf Blende 8, bei einer Vollformat-Kamera nicht weiter als auf Blende 11 abblenden.

Bei unserer Landschaftsaufnahme kommt es aber auf jedes Bilddetail an. Da unsere Ausrüstung auf einem Stativ steht, arbeiten wir mit der optimalen ISO-Einstellung, also einem niedrigen Wert um etwa 100.

Bildgestaltung

Sie stehen vor einer wunderschönen Landschaft. Da Sie möglichst viel davon aufs Bild bekommen möchten, fällt Ihre Wahl auf ein Weitwinkelobjektiv. Zuhause angekommen betrachten Sie Ihre Aufnahme zum ersten Mal auf einem großen Bildschirm. Die Aufnahme ist scharf, richtig belichtet und auch die Lichtstimmung war ansprechend. Trotzdem will sich nicht so richtig Begeisterung einstellen. Irgendwie war Ihr Landschaftseindruck vor Ort intensiver. Was ist geschehen?

Der Blick des Betrachters findet keinen Punkt, an dem er verweilen kann. Das Blickfeld des Weitwinkels produziert zu viele und vor allem zu kleine Details. Jede Landschaft lebt von ihren ganz eigenen Strukturen und Linien. Dieses Wesen der Landschaft müssen Sie entdecken und gezielt als Ausschnitt herausarbeiten. Das kann eine markante Hügelkette, eine Baumgruppe oder eine Licht-Schatten-Struktur sein. Nutzen Sie daher lieber Ihr Zoom- oder Teleobjektiv.

Das Weitwinkel kommt zum Einsatz, wenn Sie ein interessantes Motiv im Vordergrund herausstellen wollen und die Landschaft im Hintergrund den Rahmen dazu bieten soll. Das kann eine Wurzel, eine Pflanze oder ein Baum sein. Bei dramatischen Wolkenformationen als zentrales Bildelement ist das Weitwinkel ebenfalls die erste Wahl.

Egal ob nun Zoom oder Weitwinkel, achten Sie auf jeden Fall darauf, dass sich weder Hauptmotiv noch Horizont in der Bildmitte befinden. Mit der Faustregel „ein Drittel zu zwei Drittel“ lässt sich das Bild meistens gut gestalten. Ein Display, auf dem sich Gitterlinien einblenden lassen, ist bei der Bildgestaltung hilfreich.

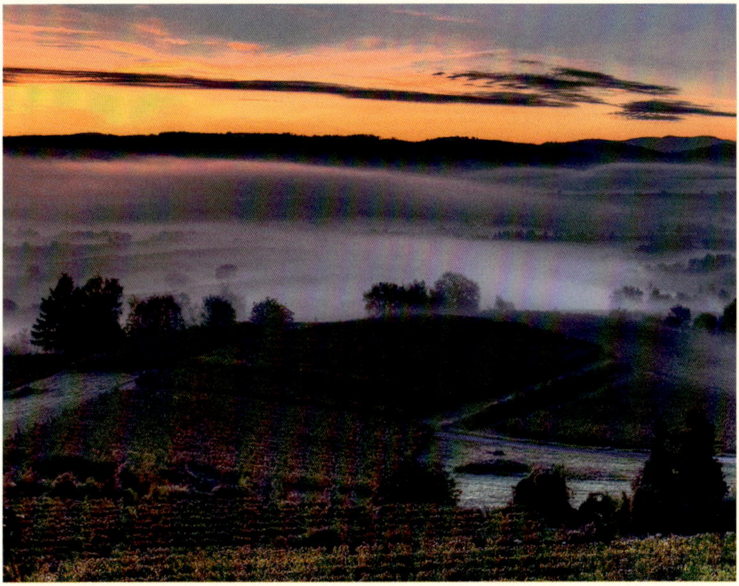

Landschaft ohne Verweilpunkt

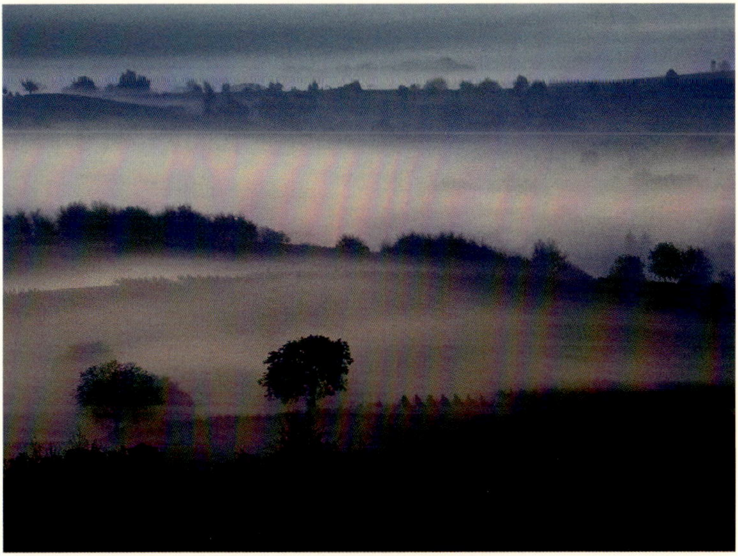

Landschaft mit Verweilpunkt durch Bäume im Vordergrund

NICHT OHNE STATIV

Auch wenn vielleicht keine Verwacklungsgefahr besteht: Bildgestaltung beginnt mit der Benutzung eines Stativs!

Das beste Licht

Das beste Licht haben Sie zwei Stunden vor und nach Sonnenauf- und -untergang. Spätvormittags und am Nachmittag können Sie Ihre Kamera zu Hause lassen! Ausnahmen sind bedeckte Tage und Tage mit Wolken und Lichtdurchlässen.

Wann immer möglich gehen Sie ins Gegenlicht! Gegenlichtaufnahmen fördern die räumliche Tiefe und sorgen für eine faszinierende Licht-Schatten-Wirkung.

Makrofotografie

Kameraeinstellungen

Die grundsätzlichen Hinweise zu Verschlusszeiten, korrekter Belichtung, ISO-Einstellungen und Schärfepunkt gelten natürlich auch für die Makrofotografie. Statt Stativ können Sie den schon angesprochen Bohnensack benutzen.

Zentrales Werkzeug in der Makrofotografie ist das Spiel mit der Blende. Im Unterschied zur Landschaftsfotografie wollen wir den Effekt eines von vorne bis hinten scharfen Bildes eben genau nicht haben. Lediglich unser Motiv soll scharf sein und sich schön vor einem unscharfen und ruhigen Hintergrund abheben. Dazu wählen wir eine möglichst offene Blende. Nehmen wir an, Sie haben ein 2.8/105-mm-Makro-Objektiv. Blenden Sie nun auf maximal Blende 4 (f/4) bis 5.6 (f/5.6) ab. Wenn Ihre Kamera eine Abblendtaste besitzt,

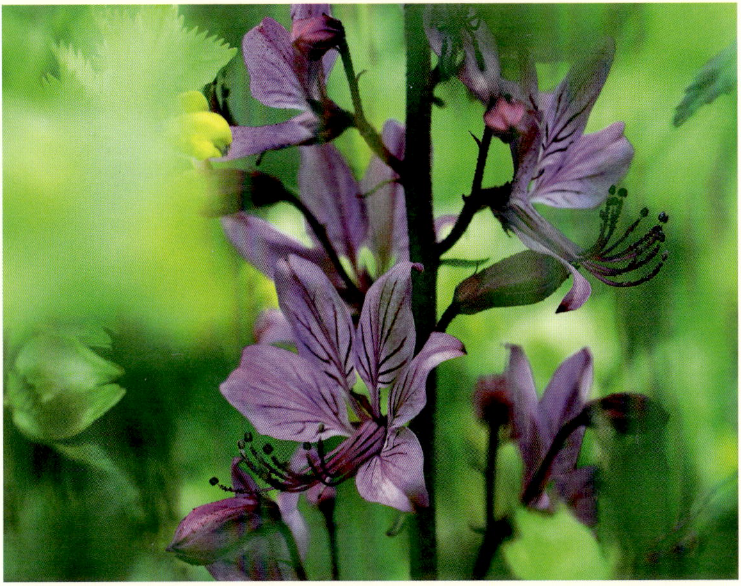

Abgeblendet mit unruhigem Hintergrund

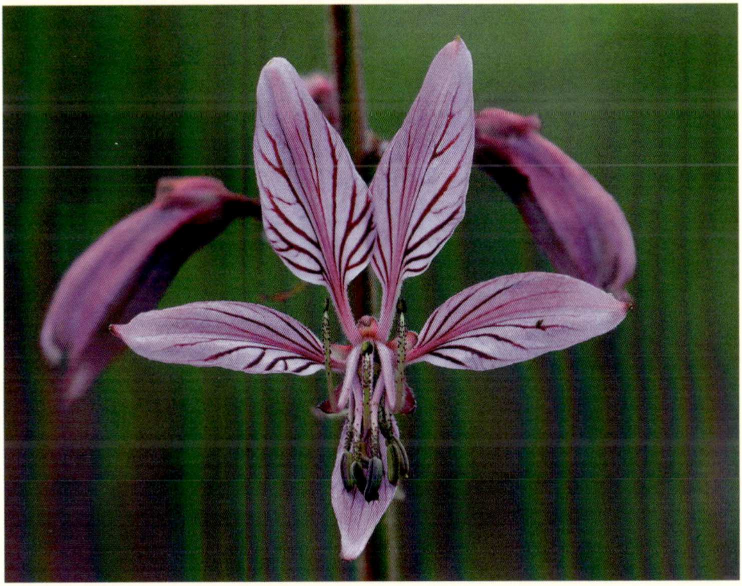

Offene Blende mit ruhigem Hintergrund

können Sie die tatsächlich eingestellte Blende sichtbar machen und die Tiefenschärfe beurteilen. Drücken Sie die Taste und überprüfen Sie, ob Ihr Motiv scharf ist und der Hintergrund ruhig und verschwommen bleibt.

Der Kardinalfehler vieler Makrofotos liegt darin, dass zu weit abgeblendet wurde. Klar ist die Orchidee bei Blende 11 (f/11) von vorne bis hinten scharf. Jedoch ist der Hintergrund ebenfalls scharf, und das führt zu einem sehr unruhigen Gesamteindruck und lenkt den Betrachter vom Motiv ab. Fokussieren Sie daher exakt! Bei einer guten Falteraufnahme etwa müssen der Kopf und alle Flügelteile in der Schärfeebene liegen.

Auch bei der Makrofotografie ist die Zeitautomatik (A oder Av) unsere erste Wahl: Die Kamera sucht uns die passende Verschlusszeit.

Da draußen nie wirklich Windstille herrscht, sollten Sie trotz Stativ oder Bohnensack möglichst kurze Verschlusszeiten anstreben. Notfalls arbeiten Sie mit einer höheren ISO-Einstellung. Gehen Sie dabei aber behutsam vor. Eine Aufnahme bei ISO 1600 hat einfach nicht mehr die feinen Details wie bei ISO 100.

Bildgestaltung

Makrofotografie ist besonders bei Einsteigern ein beliebtes Genre in der Naturfotografie. Dafür mag der Effekt, Kleines ganz groß abbilden zu können, verantwortlich sein. Dies allein macht jedoch noch lange kein gutes Makrofoto aus. Achten Sie daher bei der Bildgestaltung darauf, Ihr Hauptmotiv nicht mittig abzubilden. Lassen Sie etwa Ihrem Schmetterling Raum in Blickrichtung.

Damit alles Wichtige in einer Schärfeebene liegt, muss die Kamera absolut parallel zu der Fläche positioniert werden, die Sie fokussieren.

Dies gelingt Ihnen am besten mit Einsatz eines Stativs oder Bohnensacks. Bei Amphibien oder Reptilien etwa fokussieren Sie auf das Auge. Nur wenn dieses scharf ist, wirkt auch das Gesamtbild scharf.

UNGEWÖHNLICHE PERSPEKTIVEN

Versuchen Sie ungewöhnliche Perspektiven. Legen Sie sich flach auf dem Boden oder versuchen Sie gar unter das Motiv zu kommen. In den seltensten Fällen wird die Perspektive von oben die gültige sein.

Das beste Licht

Nutzen Sie das frühe Licht des Morgens und das späte Licht des Abends. Gehen Sie, wann immer möglich, ins Gegenlicht. Bei Aufnahmen in der Mittagszeit nutzen Sie zur Vermeidung harter Schlagschatten einen Durchlichtschirm.

Bevor Sie losziehen

Beschäftigen Sie sich schon in der Vorbereitung mit Vorkommen und Lebensweise Ihres Motivs. Reptilien etwa sind tagsüber aktiv und meist zur Jagd unterwegs. Am Morgen und Abend nehmen sie gerne ein Sonnenbad. Wenn Sie diese Plätze finden, sind schöne Aufnahmen möglich.

Die Insektenjagd an sonnigen heißen Tagen mag ein gutes Fitnessprogramm sein, aber schöne Aufnahmen werden da selten entstehen. Nutzen Sie kühle und regnerische Tage oder die Zeit vor Sonnenaufgang. Insekten verharren dann in Bewegungsstarre und Sie haben Zeit, Ihre Aufnahme bewusst zu gestalten.

Nehmen Sie sich in der fotografischen Umsetzung nicht zu viel an einem Tag vor. Wenn Sie mit einer gültigen Aufnahme belohnt werden, dürfen Sie zufrieden sein.

Telefotografie

Auch bei der Telefotografie gelten die grundsätzlichen Hinweise, die Sie im Kapitel „Einstellungen an Kamera und Objektiv" gelesen haben.

Kameraeinstellungen

Sie ahnen es schon: Natürlich wählen Sie eine offene Blende. Wenn Sie nicht gerade stolzer Besitzer eines Teleobjektivs in der Preislage eines Mittelklassewagens sind, wird dies 4 (f/4) bis 5.6 (f/5.6) sein. Unser Tier wird scharf und der Hintergrund ruhig und gleichmäßig.

Wir geben die Blende vor, den Rest erledigt die Kamera mit Zeitautomatik (A oder Av). Aber der Teufel steckt im Detail. Teleobjektive sind lang und schwer. Für scharfe Bilder müssen Sie die Verwacklungsgefahr mit möglichst kurzen Verschlusszeiten kompensieren. Im Unterschied zur Landschaftsfotografie (und bedingt zur Makrofotografie), wo uns Motivbewegungen nicht in dem Maße interessieren, sind diese bei Vögeln und Säugetieren durchaus relevant. Wenn Ihr Fuchs nicht gerade vor Ihrer Nase einschläft, haben Sie für ein gültiges Bild oftmals nur die Möglichkeit einer einzigen Auslösung!

Bedingt durch die lange Brennweite und die offene Blende beträgt der Tiefenschärfebereich nur wenige Millimeter. Sie müssen also sehr genau arbeiten. Scharf gestellt wird – wie in der Makrofotografie – immer das Auge des Tieres! Nur dann wirkt die Aufnahme für den Betrachter scharf, auch dann, wenn alle anderen Körperteile im Unschärfebereich liegen sollten.

In der Regel wird für die Fotografie von Vögeln und Säugetieren das Teleobjektiv zum Einsatz kommen. Je länger die Brennweite, umso besser? Nicht unbedingt: Ein 600-mm-Objektiv kann zwar bei gleichem Aufnahmeabstand das Motiv doppelt so groß abbilden wie ein

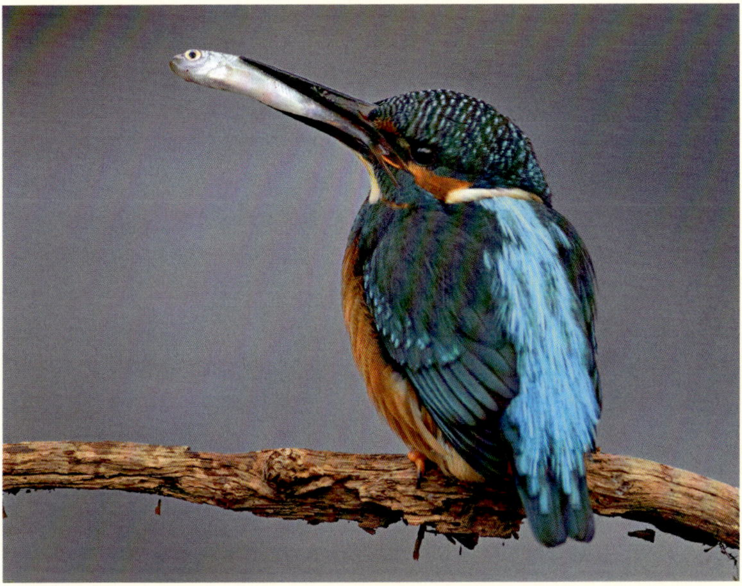

Das Auge ist unscharf – die ganze Aufnahme wirkt unscharf

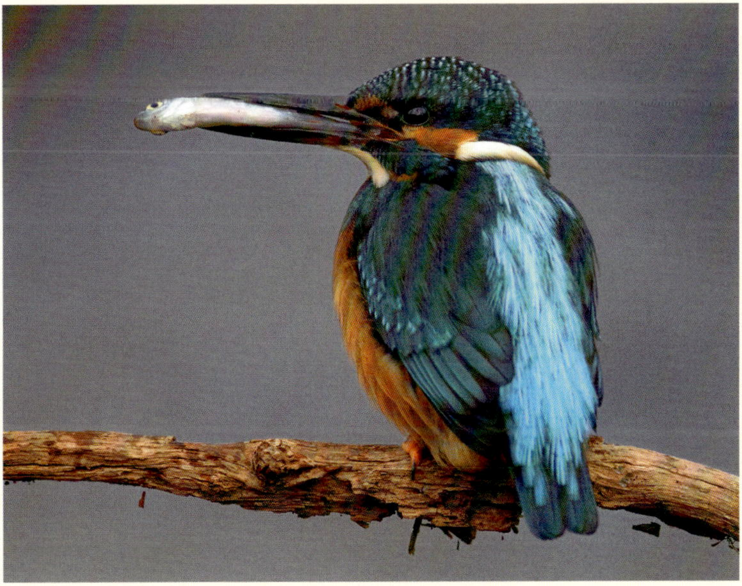

Das Auge ist scharf – die ganze Aufnahme wirkt scharf

300-mm-Objektiv, aber: Je größer die Brennweite, umso schwerer und unhandlicher das Equipment und umso kleiner die Tiefenschärfe. Zudem steigt die Verwacklungsgefahr durch den Spiegelschlag selbst bei Verwendung eines schweren Stativs. Spiegellose Kamerasysteme sind da klar im Vorteil. Und nicht zuletzt wird die Brennweite auch von Ihrem Budget abhängen.

Bildgestaltung

Bei der Telefotografie gilt das Gleiche wie bei der Makrofotografie: Bilden Sie Ihr Hauptmotiv nicht mittig ab, lassen Sie dem Tier Raum in Blickrichtung und achten Sie darauf, dass alles Wichtige in einer Schärfeebene liegt.

Auf der Pirsch

„Man muss vor den Tieren da sein." So einfach und prägnant formulierte es einmal der verstorbene bekannte Naturfotograf Fritz Pölking. Er meinte damit unter anderem die Vorstellung, Naturfotografen würden mit einem langen Teleobjektiv bewaffnet durch den Wald pirschen.

Naturfotografie möchte das Verhalten von Tieren in ihrer natürlichen Umgebung zeigen, nicht Tiere auf der Flucht vor dem Fotografen. „Das Bild entsteht hinter der Kamera" ist ebenfalls eine gültige Aussage: Erst müssen Sie eine Vorstellung von Ihrem Motiv haben, dann entwickeln Sie die Strategie zur Umsetzung. Das Equipment ist dabei zweitrangig.

DIE VORBEREITUNG NICHT UNTERSCHÄTZEN

Egal welche Brennweite: Ein Teleobjektiv ist keine Wunderwaffe, denn nah ran müssen Sie trotzdem. Mit einem Tarnzelt machen Sie sich für die Tiere unsichtbar, aber Tarnung ist nicht alles: Mit guter Recherche und Beobachtung im Vorfeld maximieren Sie Ihre Erfolgsaussichten deutlich.

Eine vom Wild häufig benutzte Spur, Beutereste, Kotspuren oder Kenntnisse über Vogelgesang und die sichere Bestimmung der Art führen zum schnellen Erfolg. Säuger und Vögel sind Gewohnheitstiere: Sie benutzen immer wieder die gleichen Wege, singen von den gleichen Warten und nutzen die gleichen Stellen für Sonnenbad, Nahrungsaufnahme und Trinken. Wie Sie Tricks wie Anfüttern und Vogelgesang aus der Konserve anwenden können, zeige ich Ihnen im Workshopteil.

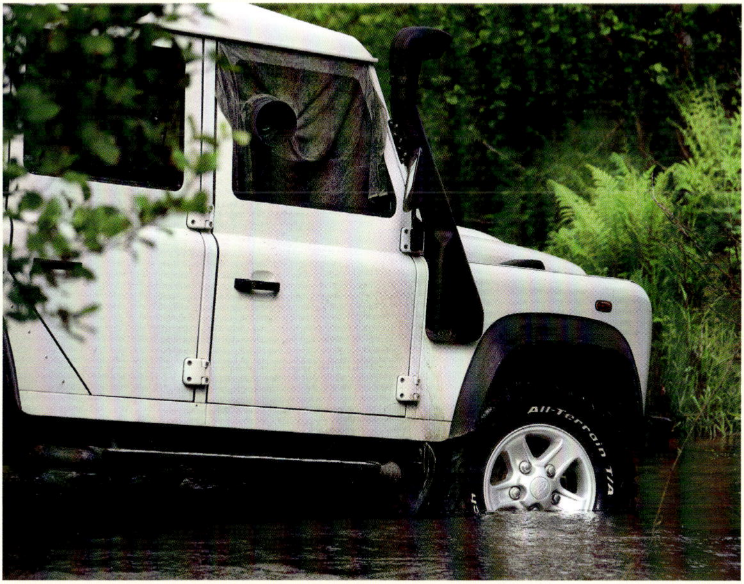

Egal welche Brennweite, nah ran müssen Sie trotzdem

Regeln für die Naturfotografie

Eine intakte Natur steht immer über Ihrer Aufnahme! Kein Bild ist so wichtig, dass Sie dafür die Bestimmungen des Naturschutzes übergehen dürften. Betrachten Sie die folgenden Regeln als Ehrensache für einen Naturfotografen.

- Verzichten Sie auf die Aufnahme, wenn Sie merken, dass von Ihnen eine Störung ausgeht.
- Verzichten Sie auf Nestfotografie.
- Sie besitzen keine selbstverliehenen Sonderrechte. Verhalten Sie sich daher kollegial.
- Arbeiten Sie mit den örtlichen Naturschutzverbänden und staatlichen Institutionen zusammen. Stellen Sie Ihr Bildmaterial dem Naturschutz zur Verfügung.
- Fragen Sie um Erlaubnis, wenn Sie privates Gelände betreten.
- Hinterlassen Sie weder Spuren noch Müll im Gelände.
- Machen Sie den Standort seltener Arten nicht unnötig publik.
- Naturfotografen stehen immer unter Beobachtung. Seien Sie ein Vorbild!

BILDBEARBEITUNG

Auch die beste Aufnahme ist noch nicht das fertige Bild. Noch mehr können Sie aus Ihren Fotos machen, wenn Sie sie zuhause nachbearbeiten. In diesem Kapitel zeige ich Ihnen an einem Beispielfoto die wesentlichen Arbeitsschritte zur Optimierung Ihrer Bilder in einem RAW-Programm und in Photoshop.

Bearbeitung der RAW-Datei

Bildbearbeitungsprogramme gibt es viele. Ich greife hier einfach eines heraus, um Ihnen einen Einblick zu geben, was Sie aus Ihren Bildern noch herausholen können. Zur Vertiefung in die Materie lesen Sie bitte das Handbuch zur mitgelieferten Software Ihrer Kamera oder besorgen Sie sich ein Fachbuch.

Den RAW-Work-Flow zeige ich Ihnen am Beispiel von Nikons kostenlosem RAW-Programm „Capture NX-D“.

Öffnen Sie die RAW-Datei. In der rechten Leiste finden Sie die wichtigsten Einstellungen.

Das **erste** Bearbeitungswerkzeug zeigt Ihnen die vorgenommenen Anpassungen an.

Mit dem **zweiten** Werkzeug nehmen Sie mit „+/−“ die Belichtungskorrektur vor.

Mit dem **dritten** Werkzeug können Sie unter „Picture Control" zwischen verschiedenen Bildwirkungen auswählen.

Mit dem **vierten** Werkzeug „WB" nehmen Sie den Weißabgleich vor.

Mit dem **fünften** Werkzeug „Ton" können Sie der Aufnahme mehr Farbsättigung verleihen. Helligkeit und Kontrast regeln Sie später. Mit „Lichter" können Sie überbelichtete Bildanteile korrigieren, mit „Schatten" zu dunkle Partien aufhellen. Über die obere Leiste können Sie nun über „Bild" sowohl die Lichterpartien ohne Zeichnung als auch die Schattenpartien ohne Zeichnung anzeigen lassen. Da Sie selten mit hohen ISO-Werten arbeiten, entfernen Sie das Häkchen bei „Rauschreduzierung".

Mit den **letzten beiden** Bearbeitungswerkzeugen „LCH-Editor" und „Tonwerte und Kurven" regeln Sie nun die Bildhelligkeit. Ich empfehle Ihnen, dafür den Regler für Mitteltöne der Leiste „Tonwerte und Kurven" zu benutzen.

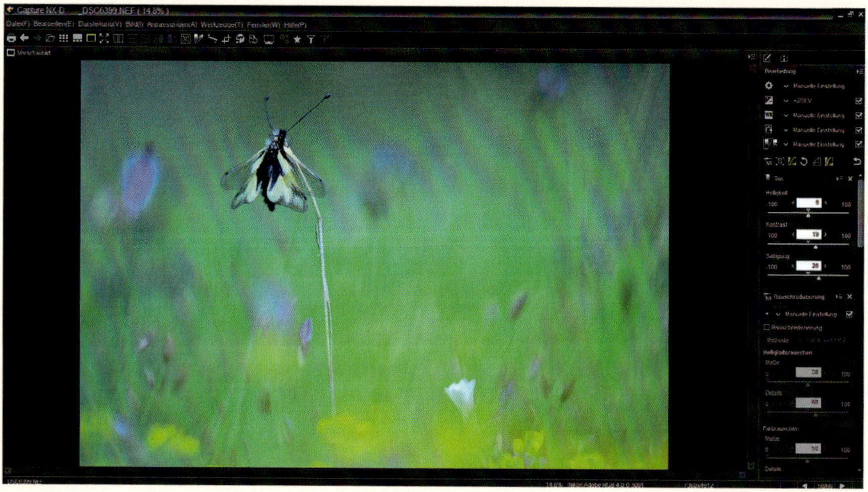

Darstellung im RAW-Programm „Capture NX-D"

Im letzten Schritt konvertieren Sie die Datei über die obere Leiste „Datei – Dateikonvertierung“ und speichern die Aufnahme an dem gewünschtem Speicherort. Sie können dabei zwischen einem 8-Bit-JPEG, einem 8-Bit-TIFF oder 16-Bit-TIFF wählen.

WAS SIND BITS?

Bits geben die Farbtiefe pro Pixel an. Ein JPEG-Foto kann nur 8 Bit speichern, das bedeutet über 256 Farbstufen bzw. Helligkeitswerte. Ein TIFF-Foto mit 16 Bit hat ungleich mehr Helligkeitsstufen.

Für die Betrachtung eines Bildes reichen zwar 8 Bit, die Bildbearbeitung sollten Sie aber in einem höheren Format vornehmen, um die beste Qualität zu erreichen.

Der Feinschliff in Photoshop

Ihre Aufnahme ist nun perfekt ausbelichtet. Nur noch zwei Arbeitsschritte, dann ist das Werk vollendet.

Schärfen Sie zunächst die bildwichtigen Bereiche. Öffnen Sie die dazu die Datei in Photoshop und wählen mit der linken Leiste das „Lassowerkzeug“. Kreisen Sie damit Ihr Motiv ein. Auf der oberen Leiste wählen Sie „Filter – Scharfzeichnungsfilter – unscharf maskieren“, Stärke 500 %, Radius 0,2, Schwellenwert 0.

Mit dem „Auswahlrechteckwerkzeug“ der linken Leiste legen Sie den Bildausschnitt fest. Das Seitenverhältnis können Sie über die obere Bildleiste nach Bedarf einstellen. Geschafft!

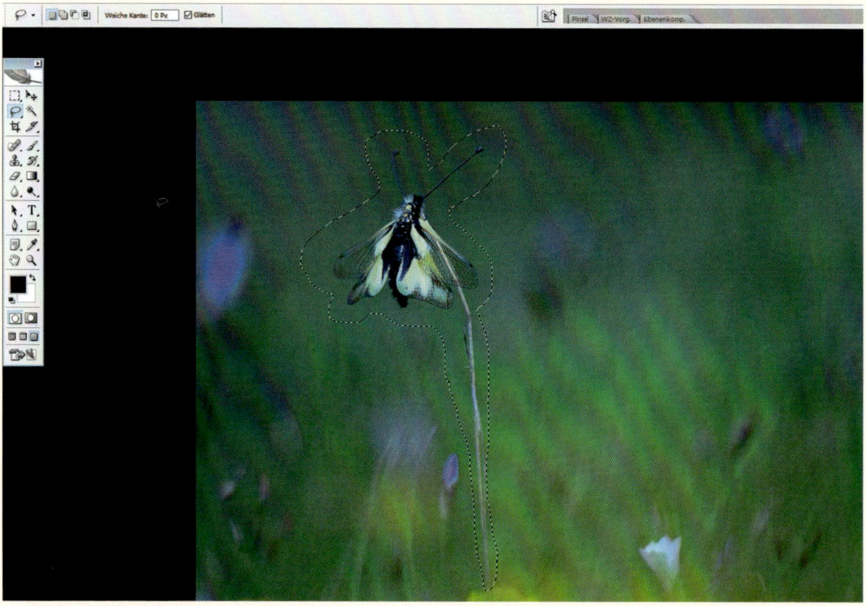

Das Motiv einkreisen

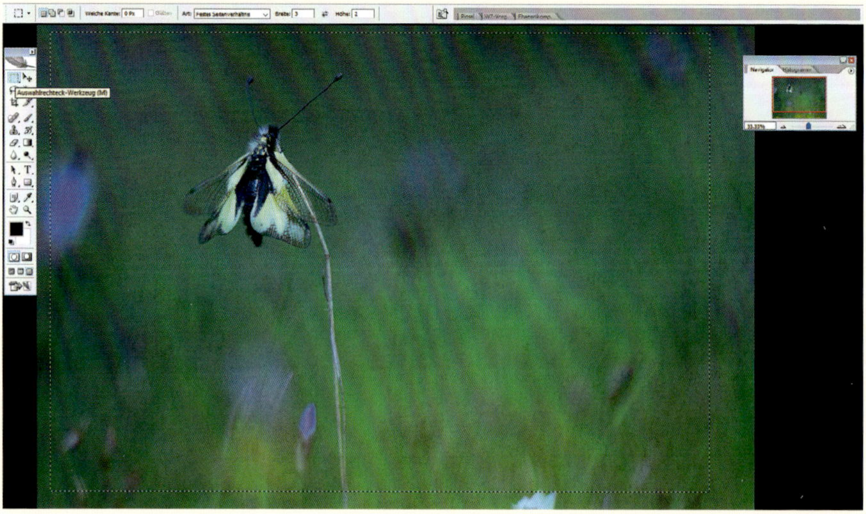

Den Bildausschnitt festlegen

FOTOWORKSHOP

Jetzt sind Sie an der Reihe! Hier zeige ich Ihnen, wie ich meine Fotos mache, und verrate Ihnen die technischen Details dazu. Lassen Sie sich inspirieren, um dann Ihre eigenen Bildideen umzusetzen.

Gerade in der freien Natur ist es nahezu unmöglich, ein vorgegebenes Bild eins zu eins zu wiederholen. Sehen Sie daher meine Fotos als Anregung für eigene Ideen und gestalten Sie Ihre Bilder nach Ihren persönlichen Vorstellungen.

Der Workshop teilt sich in drei Teile: Landschafts-, Makro- und Telefotografie. Mit Checklisten für die Dinge, die Sie unbedingt brauchen, und Hinweisen zu Vorbereitung und Umsetzung der Aufnahme sind Sie bestens gerüstet, Ihre eigenen Motive auf die Chipkarte zu bannen. Die technischen Daten zeigen Ihnen, wie ich die Bilder jeweils gemacht habe, und geben Ihnen Anhaltspunkte für eigene Experimente.

Übrigens: Meine Angaben zur Brennweite beziehen sich in sämtlichen Workshops immer auf das Vollformat.

Probieren Sie aus, was Ihnen gefällt, und finden Sie Ihren eigenen Stil. Ich wünsche Ihnen viel Spaß beim Kreativsein und vor allem: Geduld!

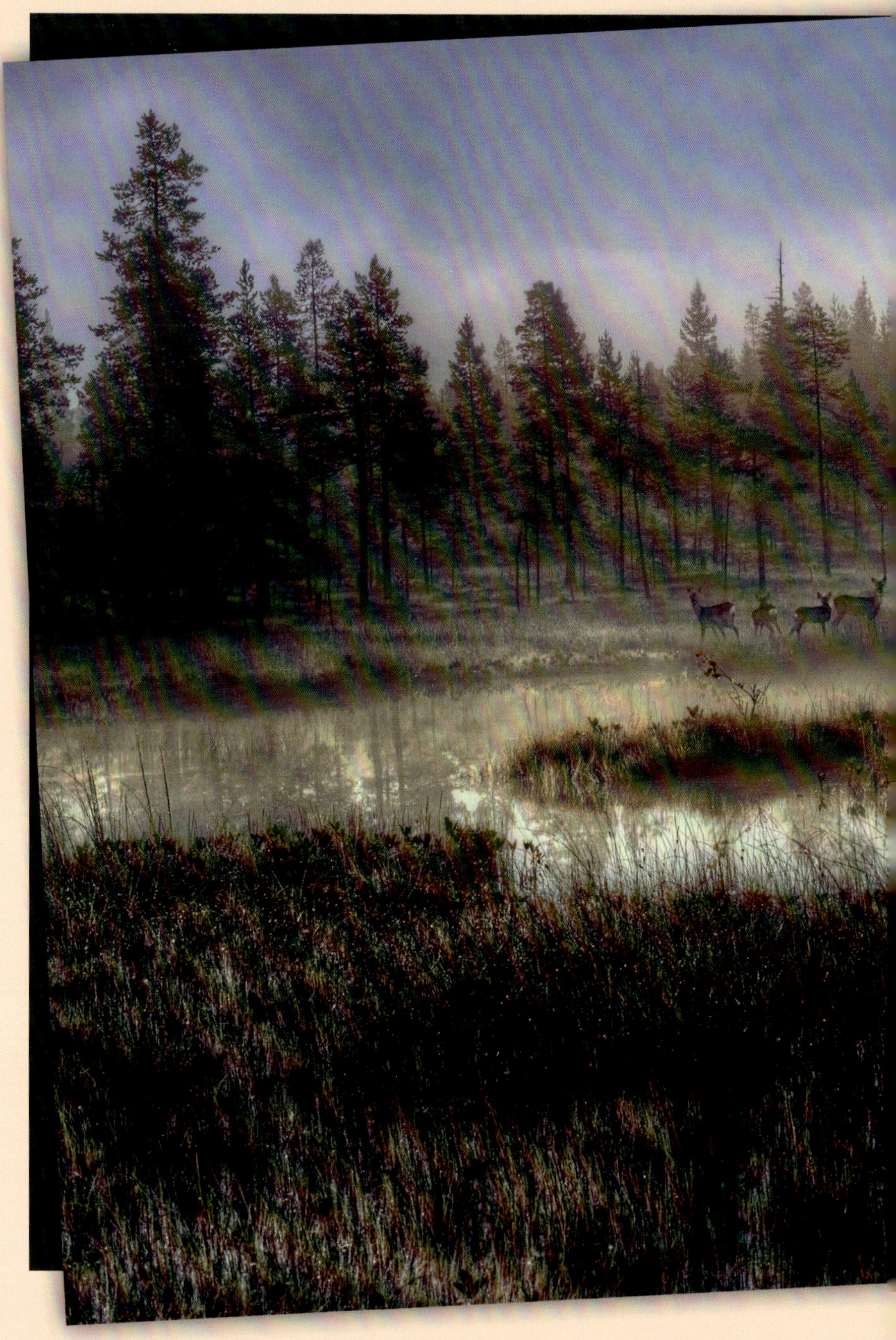

Landschaftsfotografie

Bärlauchwald

Checkliste

- Kamera
- Zoom-Objektiv 24–120 mm
- Stativ
- Fernauslösekabel

Vorbereitung

Bärlauch blüht von Mitte April an. Ein Blütenteppich durchzieht den Wald, Knoblauchduft hängt in der Luft. Aufnahmen im Wald sind immer schwierig. Licht und Schatten wechseln sich ab und überfordern schnell den Sensor Ihrer Kamera. Wählen Sie daher einen bedeckten und windstillen Tag. Die Tageszeit selbst ist eher zweitrangig. Da Sie mit langen Belichtungszeiten rechnen müssen und die Blüten scharf sein sollen, wäre Wind hier schädlich.

Umsetzung

Suchen Sie sich eine Stelle, an der die Blüten möglichst dicht stehen. Sie werden sich wundern, wie im Weitwinkelbereich die Details verschwinden. Reizen Sie daher die Naheinstellungsgrenze Ihrer Optik aus und gehen Sie ganz nah ran. Achten Sie dabei darauf, dass außer Blüten noch andere Objekte sichtbar sind. Ohne den bemoosten Baumstamm wäre diese Aufnahme langweilig.

Auch wenn die Bildqualität leiden sollte: Um maximale Tiefenschärfe zu bekommen, müssen Sie Ihre kleinste Blende wählen (je nach Objektiv f/16 bis f/22).

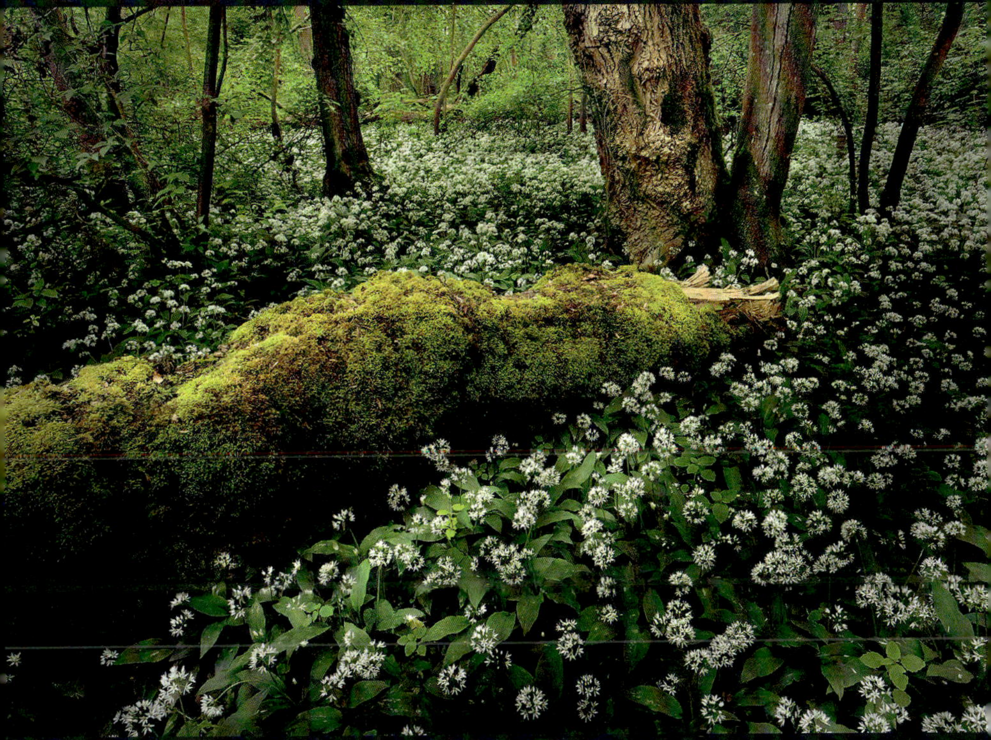

Nikon D810 | 24 mm | f/22 | 1/15 sec | ISO 200 | Spiegelvorauslösung

Blaue Stunde

Checkliste

- Kamera
- Zoom-Objektiv 80–200 mm
- Stativ
- Fernauslösekabel

Vorbereitung

Sie brauchen eine Herbstnacht mit deutlicher Temperaturabkühlung, denn nur dann beginnt das Wasser zu dampfen. Da die blaue Stunde etwa eine Stunde vor Sonnenaufgang beginnt, müssen Sie sich schon mindestens einen Tag vorher den Platz und den richtigen Kamerastandpunkt suchen. Legen Sie schon vorher den ungefähren Bildausschnitt fest.

Um nicht in Zeitdruck zu geraten, kalkulieren Sie die Wegzeit zum Aufnahmeort großzügig. Am nächsten Morgen heißt es: Früh aus den Federn! Wenn Sie vor Ort sind, ist es stockdunkel, also Taschenlampe nicht vergessen. Wenn die Sonne über den Horizont kommt, ist das Schauspiel vorbei.

Umsetzung

Damit der aufsteigende Nebel Luft nach oben hat, habe ich einen tiefen Kamerastandpunkt gewählt. Wählen Sie mindestens Blende 11 für genügend Tiefenschärfe. Sie bekommen lange Belichtungszeiten, benutzen Sie daher Spiegelvorauslösung und Fernauslösekabel zur Vermeidung von Erschütterungen durch Spiegelschlag.

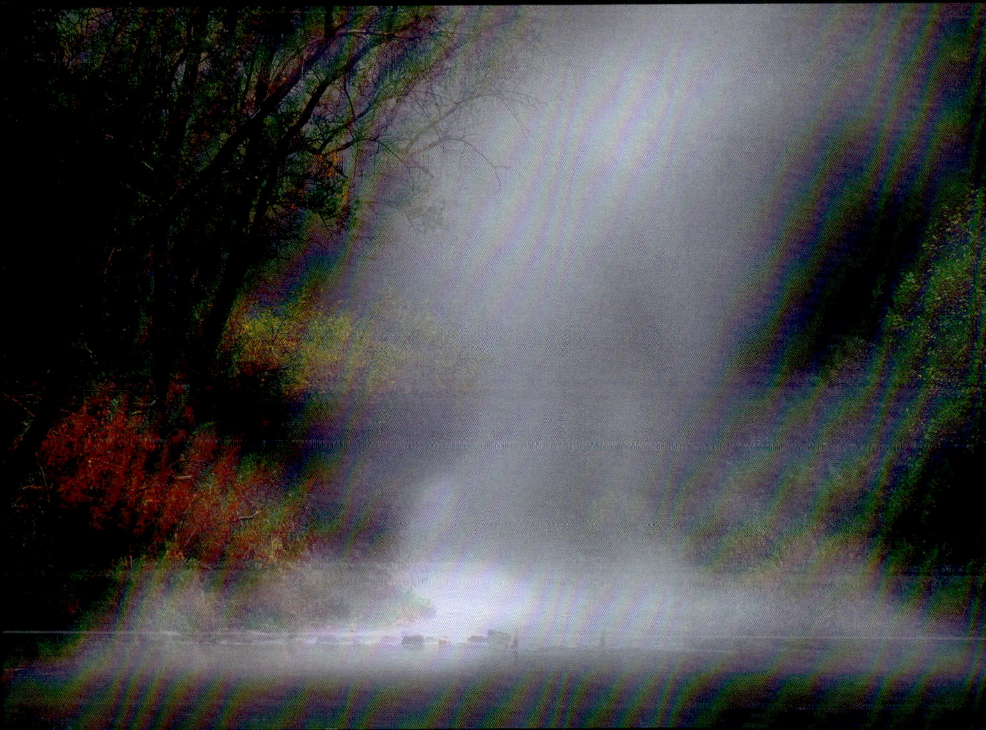

Nikon D700 | 200 mm | f/11 | 1/2 sec | ISO 200 | Spiegelvorauslösung

Bodennebel

Checkliste

- Kamera
- Zoomobjektiv 80–200 mm
- Stativ
- Fernauslösekabel

Vorbereitung

Sie brauchen einen zuverlässigen Wetterbericht, der Ihnen Bodennebel voraussagt. Daneben benötigen Sie das Glück, dass der Nebel am frühen Morgen nicht aufsteigt und sich auflöst. Dafür sind wahrscheinlich mehrere Anläufe notwendig. Bei Wiesenlandschaften mit kalten nassen Senken klappt es am besten.

Um einen klaren unvernebelten Blick über die Szenerie zu haben, ist ein erhöhter Standpunkt wichtig. Bei dieser Aufnahme war es ein Hochsitz.

Umsetzung

Versuchen Sie eine Panoramaaufnahme mit vier bis fünf Aufnahmen im Hochformat. Achten Sie darauf, dass die Einzelbilder sich ausreichend überlappen. Nur dann ist gewährleistet, dass Ihr Panoramaprogramm die Einzelbilder sauber und fließend verarbeiten kann.

Nutzen Sie Ihr Zoomobjektiv bei mittlerer Brennweite. Für die langen Belichtungszeiten verwenden Sie wie immer Spiegelvorauslösung und Fernauslösekabel.

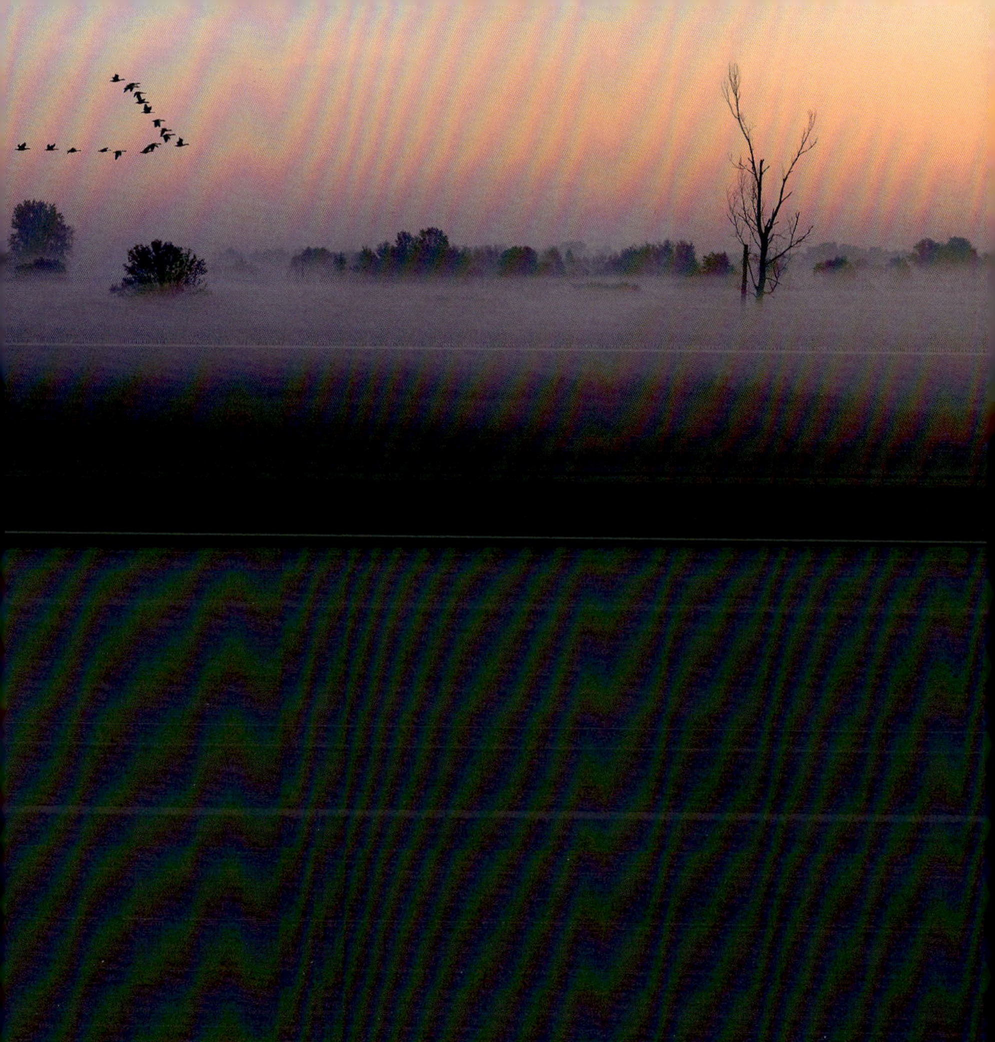

Nikon D700 | 100 mm | f/11 | 1/30 sec | ISO 100 | Spiegelvorauslösung

Die ersten Sonnenstrahlen

Checkliste

- Kamera
- Zoom-Objektiv 80–200 mm
- Stativ und Fernauslösekabel

Vorbereitung

Sie brauchen eine kalte frostige Nacht und einen klaren Sonnenaufgang – in unseren Breiten leider rar. Stellen Sie sich also darauf ein, ein paar Anläufe zu benötigen. Gerade im ersten Licht haben Sie sowohl warme als auch kalte Farbtöne in der Landschaft, ein kleines Farbtemperaturwunder, das Ihnen der Abend nicht bieten kann.

Umsetzung

Achten Sie beim Bildausschnitt darauf, dass Sie die Sonne gerade so nicht mit aufs Bild bekommen. Sollte Ihre Gegenlichtblende nicht ausreichen, Lichtreflexe auf der Optik zu verhindern, benutzen Sie zusätzlich Ihre flache Hand, um die Sonnenstrahlen abzuhalten. Die Kontrastunterschiede bei dieser Lichtstimmung sind sehr hoch – eine gute Möglichkeit, sich einmal mit einer HDR-Aufnahme zu versuchen.

HDR (HIGH DYNAMIC RANGE)

Ein HDR-Bild hat die Eigenschaft, sowohl Kontraste als auch Helligkeitsabstufungen deutlicher abzubilden. Für eine HDR-Aufnahme brauchen Sie mindestens drei unterschiedlich belichtete Aufnahmen. Manche Kameras können ein kamerainternes HDR erstellen. Ansonsten wird eine spezielle Software benötigt.

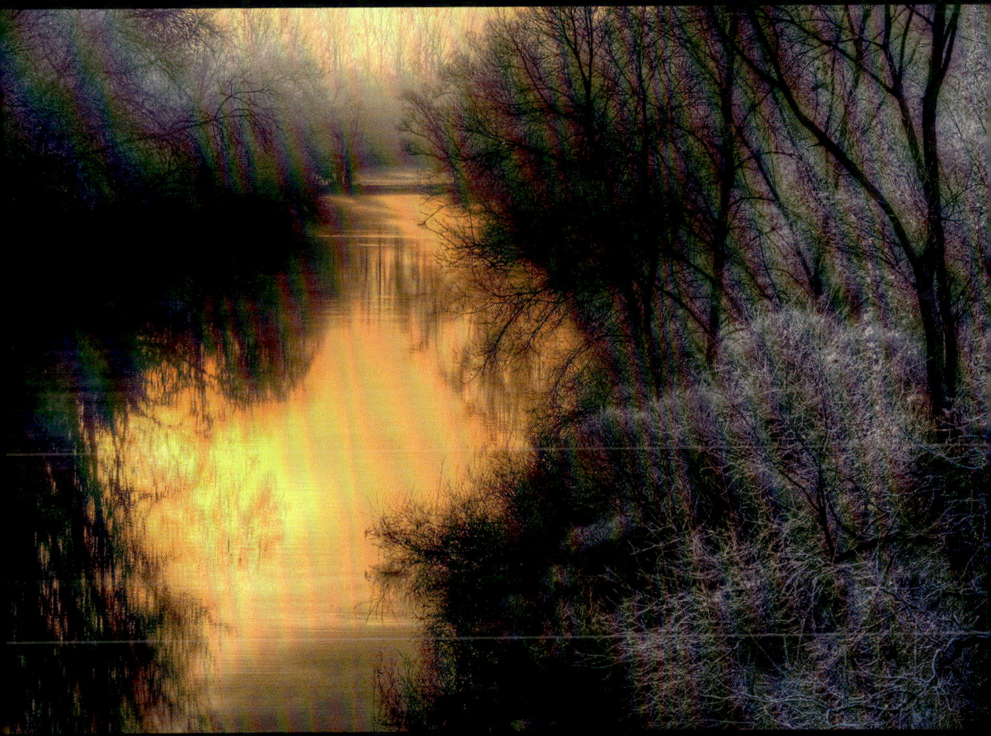

Nikon D300 | 100 mm | f/11 | 1/15 sec – 1/30 sec – 1/60 sec | ISO 200 | Spiegelvorauslösung

Fischweiher im Frühling

Checkliste

- Kamera
- Zoom-Objektiv 80–200 mm
- Stativ
- Fernauslösekabel

Vorbereitung

Manchmal genügt auch Natur aus Menschenhand für gelungene Landschaftseindrücke. Fischteiche sind für stimmungsvolle Aufnahmen geradezu prädestiniert. Das seichte Wasser kann sich tagsüber schnell erwärmen und gibt am frühen Morgen die Wärme durch Wasserdampf wieder ab, eine Situation, die sich an natürlichen Gewässern sonst meist nur im Herbst ergibt.

Umsetzung

Suchen Sie sich als Standpunkt einen Blick nach Osten, kurz vor und wenige Minuten nach Sonnenaufgang. Wählen Sie einen Bildausschnitt, der ein Drittel Wasser und zwei Drittel Land wiedergibt. Da das Licht sehr flach auf Ihr Objektiv scheinen wird, reicht Ihre Gegenlichtblende unter Umständen nicht aus. Überprüfen Sie daher bei abgeblendetem Objektiv mittels Abblendtaste, ob Lichtreflexe im Bild sichtbar sind. Notfalls halten Sie die flache Hand zusätzlich über das Objektiv.

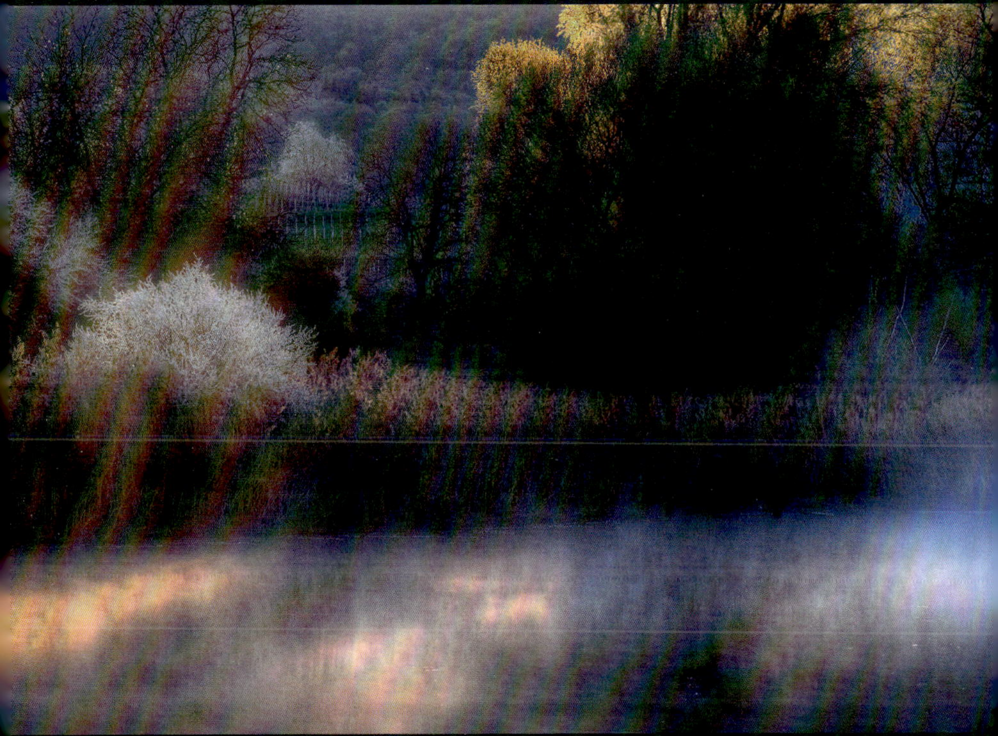

Nikon D700 | 145 mm | f/11 | 1/40 sec | ISO 100 | Spiegelvorauslösung

Fliegenpilz im Bannwald

Checkliste

- Kamera
- Zoomobjektiv 24–120 mm
- Bohnensack oder Bodenstativ
- Fernauslösekabel

Vorbereitung

Fliegenpilze findet man schon ab Ende August. Suchen Sie einen Pilz, der einen schönen Blick nach hinten in den Wald zulässt. Ein bedeckter Tag ist im Wald immer von Vorteil. So vermeiden Sie harte Hell-Dunkel-Kontraste und haben eine gleichmäßige Ausleuchtung von Motiv und Hintergrund. Ein sehr dezenter Lichtdurchbruch als Beleuchtung fürs Hauptmotiv wäre ideal.

Umsetzung

Fokussieren Sie den Pilz bis auf die Naheinstellgrenze. Platzieren Sie Ihr Motiv im linken oder rechten unteren Bilddrittel. So lassen Sie dem Betrachter einen freien Blick in die Umgebung. Für maximale Tiefenschärfe blenden Sie auf kleinste Blende ab, je nach Objektiv wird das Blende 16 oder 22 sein. Aufgrund der langen Belichtungszeit arbeiten Sie mit Spiegelvorauslösung und Fernauslösekabel.

DIE NAHEINSTELLGRENZE

Die Naheinstellgrenze ist der Mindestabstand zwischen Sensor und dem Motiv, das Sie fotografieren möchten, nicht der Abstand zwischen Motiv und Objektivlinse. Bei Makro-Objektiven wird sie meist in Zenti- oder Millimetern angegeben, bei Teleobjektiven in Metern.

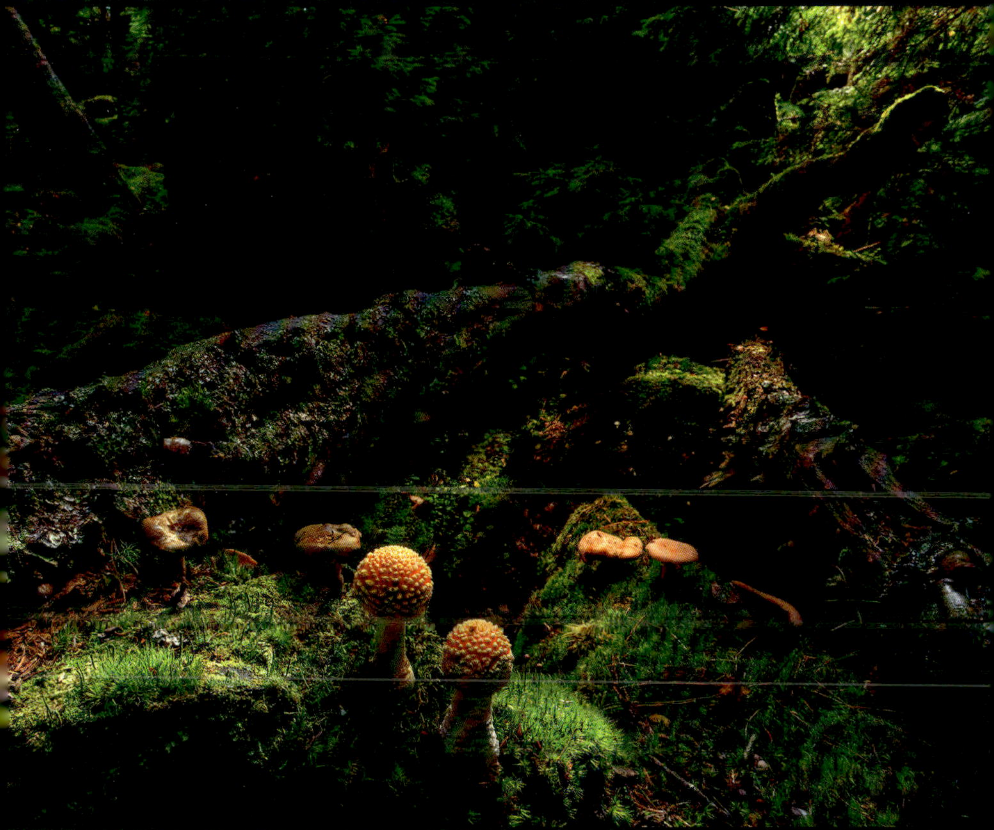

Nikon D700 | 20 mm | f/16 | 1/4 sec | ISO 100 | Spiegelvorauslösung

Frühlingswald

Checkliste

- Kamera
- Zoom-Objektiv 80–200 mm
- Stativ
- Fernauslösekabel

Vorbereitung

Sie brauchen eine sichere Wetterprognose mit klarem Himmel bei Sonnenaufgang. Die Stelle im Wald begutachten Sie am besten schon am Vortag oder früher. Und wenn es darauf ankommt, nicht in Stress zu geraten, legen Sie möglichst schon den finalen Bildausschnitt fest.

Mit etwas Glück wird der Morgen windstill: Bei den zu erwartenden langen Belichtungszeiten dürfen die Blumen nicht verwackeln.

Umsetzung

Achten Sie beim oberen Bildschnitt darauf, die Sonne nicht ins Bild zu bekommen. Die Gegenlichtblende verhindert eintretendes Streulicht. Fokussieren Sie auf die Blumen im Bildvordergrund und blenden Sie auf Blende 16 bis 22 ab.

Seien Sie darauf gefasst, nur wenige Minuten Zeit für die Aufnahme zu haben. Ist die Sonne zu hoch über dem Horizont, werden Sie das einfallende Streulicht nicht mehr in den Griff bekommen.

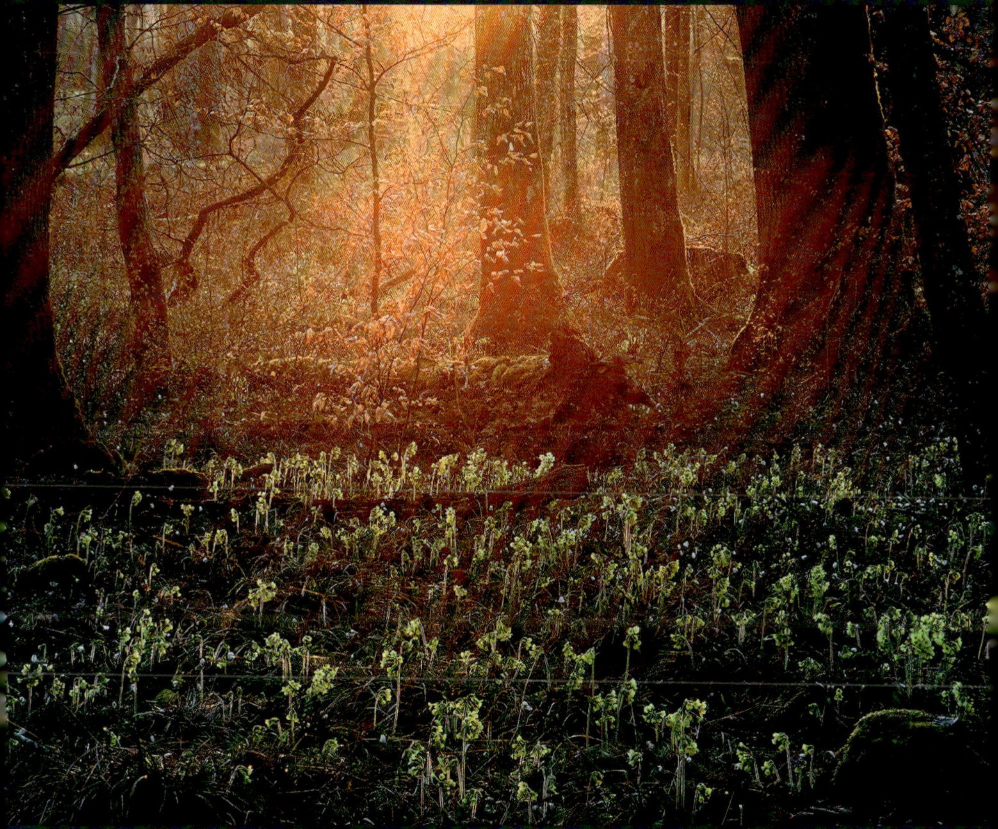

Nikon D810 | 80 mm | f/22 | 1/15 sec | ISO 64 | Spiegelvorauslösung

Herbstfarben

Checkliste

- Kamera
- Zoom-Objektiv 80–200 mm
- Stativ
- Fernauslösekabel

Vorbereitung

Die ersten Herbstnächte bringen deutliche Nachtabkühlungen und fördern die Nebelbildung auf dem Wasser. Idealerweise suchen Sie sich einen Wasserlauf mit Blick nach Osten. Von einer erhöhten Position, einem Damm oder Hügel, haben Sie die beste Perspektive, um eine räumliche Tiefenwirkung zu erzielen.

In der Zeit kurz vor und nach Sonnenaufgang entstehen die spektakulärsten Licht- und Farbstimmungen.

Umsetzung

Fokussieren Sie auf die vorderen Bildelemente. Bei Blende 11 und einem leicht nach unten gekippten Objektiv reicht die Tiefenschärfe bis in die hinteren Bereiche. Um Überstrahlungen zu vermeiden, achten Sie darauf, dass Ihnen die aufgehende Sonne nicht ins Objektiv scheint. Nutzen Sie die Gegenlichtblende!

Arbeiten Sie aufgrund der langen Belichtungszeit mit Spiegelvorauslösung und Fernauslösekabel.

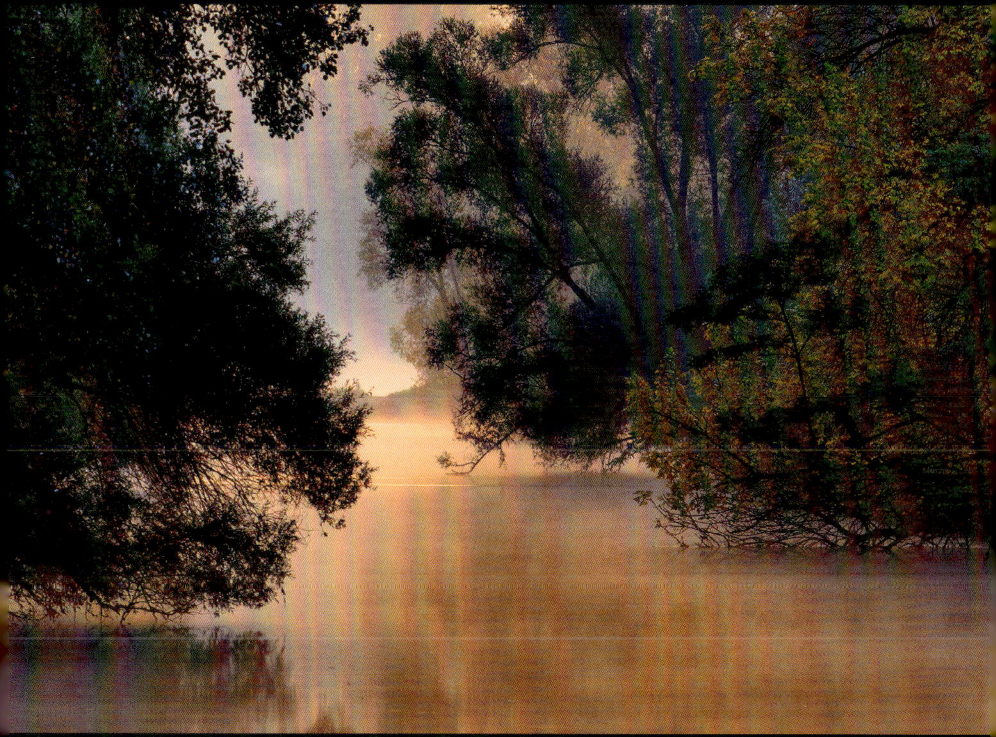

Nikon D300 | 200 mm | f/11 | 1/20 sec | ISO 100 | Spiegelvorauslösung

Indian Summer

Checkliste

- Kamera
- Zoom-Objektiv 80–200 mm
- Stativ
- Fernauslösekabel

Vorbereitung

Ende Oktober beginnt die Herbstfärbung der Laubbäume. Mit dem originalen Indian-Summer-Baum, dem Ahorn, sind wir in unseren Breiten nicht so reichlich gesegnet, Obstbäume tun es aber auch.

Suchen Sie sich am besten schon tags zuvor einen guten Aussichtspunkt, möglichst mit Blick nach Osten. Die ersten Herbstnebel unterstützen einen verträumt-bunten Landschaftseindruck. Sorgen Sie dafür, dass Ihr Standort hoch genug liegt, sonst stehen Sie am nächsten Tag selbst im Nebel.

Umsetzung

Sie sollten eine Stunde vor Sonnenaufgang vor Ort sein. Sobald sich der Sonnenaufgang mit einer Rotverfärbung des Himmels ankündigt, geht es los. Versuchen Sie einmal eine klare Diagonale im Bild: Ein Bergrücken oder ein Hügel, der von links nach rechts (oder umgekehrt) das Bild diagonal unterteilt, fördert zur spannenden Atmosphäre des zarten Gegenlichts zusätzlich die Tiefenwirkung.

Um Streulicht auf der Linse zu vermeiden, nutzen Sie auf jeden Fall die Gegenlichtblende an Ihrem Objektiv.

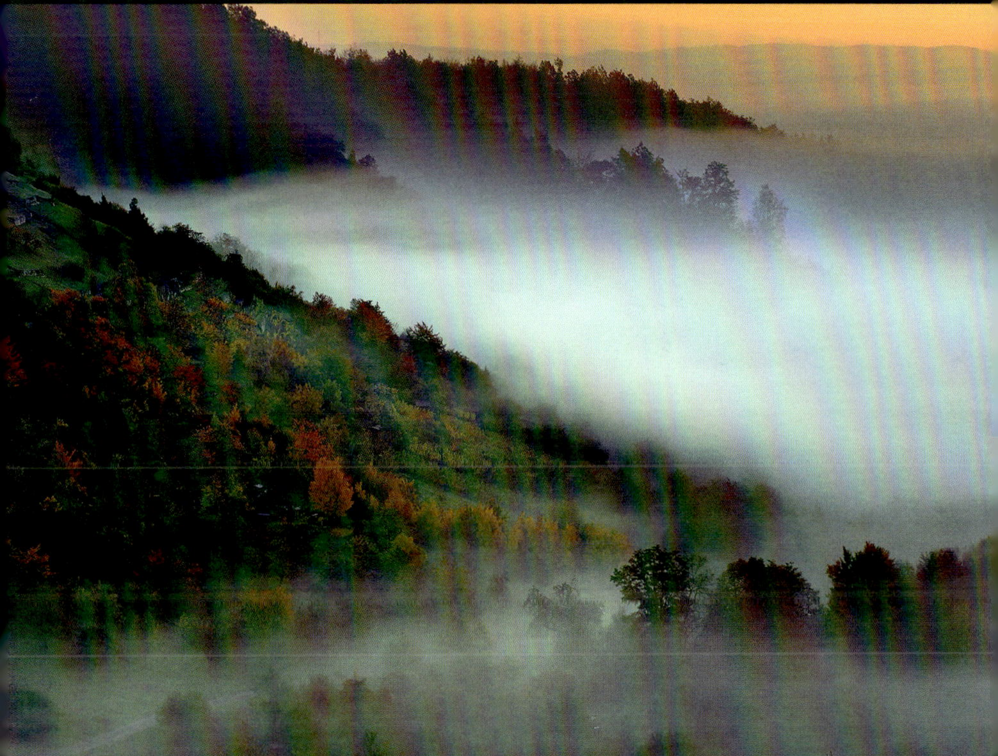

Nikon D700 | 200 mm | f/11 | 1/15 sec | ISO 200 | Spiegelvorauslösung

Monochrom

Checkliste

- Kamera
- Zoom-Objektiv 80–200 mm
- Stativ
- Fernauslösekabel

Vorbereitung

Warum nicht mal eine Schwarz-Weiß-Aufnahme? Von November bis Februar scheint die Natur den Farbregler zurückgedreht zu haben – Tristesse vor allem im Flachland. Kein Grund, sich nicht aus dem Haus zu trauen, denn bei schönem Wetter kann jeder! Gerade die kontrastarmen und einfarbigen Landschaftseindrücke lassen ungewöhnliche Aufnahmen zu.

Umsetzung

Suchen Sie sich einen Platz mit unverbautem weitem Blick in die Landschaft. Dichter Nebel lässt nur einen kleinen engen Blick in die Landschaft zu. Machen Sie sich diesen Umstand zunutze und versuchen Sie es an Stellen, die ansonsten durch Hochspannungsleitungen, Häuser oder sonstige Zivilisationshinterlassenschaften verunstaltet sind.

Um die Atmosphäre möglichst dicht darzustellen, benutzen Sie Ihre längste Brennweite. Da der Belichtungsmesser mit dieser Lichtstimmung nichts anfangen kann, korrigieren Sie bei Zeitautomatik um mindestens eine Blende plus. Manuell stellen Sie einen Wert höher als von der Kamera empfohlen ein (z. B. von 1/30 sec auf 1/15 sec).

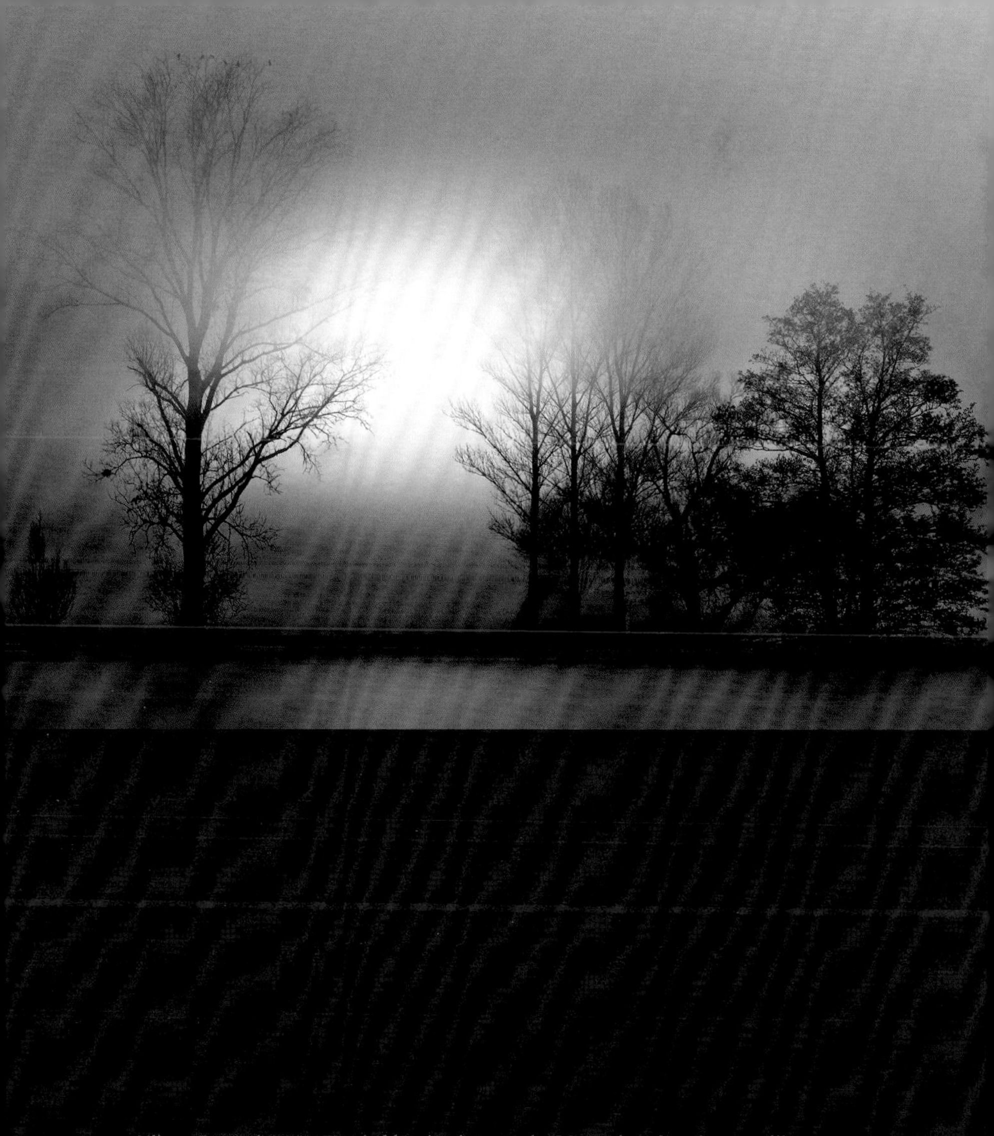

Nikon D810 | 200 mm | f/11 | 1/15 sec | ISO 64 | Spiegelvorauslösung

Nach dem Gewitter

Checkliste

- Kamera
- Zoom-Objektiv 80–200 mm
- Stativ
- Fernauslösekabel

Vorbereitung

Vor und nach Wolkenbrüchen ergeben sich interessante Lichtstimmungen. Sollte sich ein Gewitter ankündigen, macht es Sinn, sich schon einmal für die Abfahrt bereit zu machen. Klar sind Sie dabei vorsichtig und achten darauf, sich nicht in Gefahr zu begeben! Vielleicht haben Sie eine Landschaftsperspektive schon einmal ausprobiert. Je nach Lichtsituation lohnt es sich, einen ähnlichen Bildausschnitt bei dieser Wetterstimmung erneut zu versuchen.

Umsetzung

Von einer Anhöhe aus zu fotografieren bietet die größtmögliche Auswahl des Bildausschnitts. Nehmen Sie sich gut ein bis zwei Stunden Zeit. Entweder Sie warten im Auto oder einer geeigneten Schutzhütte. Irgendwann lassen die Gewitterwolken Lichtdurchbrüche zu. Teile der Landschaft sind dann wie von einem Spot beleuchtet. Die durchbrechende Sonne erwärmt rasch die Landschaft und es entstehen punktuell Nebelschwaden.

Belichten Sie manuell auf den hellsten Bereich in der Landschaft. Für genügend Tiefenschärfe blenden Sie auf Blende 11 ab.

Nikon D700 | 200 mm | f/11 | 1/15 sec | ISO 200 | Spiegelvorauslösung

Räumdienst

Checkliste

- Kamera
- Zoom-Objektiv 24–120 mm
- Stativ

Vorbereitung

Winterlandschaften bei Sonnenaufgang sind reizvoll. Wenn noch leichter Nebel dazukommt, können zauberhafte Aufnahmen entstehen. Manchmal kommt es jedoch anders als geplant: Der anfängliche Ärger darüber, dass die Pistenraupe den schönen Neuschnee zerstörte, war verflogen, als ich erkannte, dass dies vielleicht auch eine Aufnahme wert ist.

Umsetzung

Kunstlicht trifft blaue Stunde – von der Belichtung her recht „tricky". Wenn Sie im Zeitautomatikmodus fotografieren, würde eine bedeutend zu helle Pistenraupe entstehen. Belichten Sie daher im manuellen Modus zwei Blenden unter. Zeigt Ihnen die Kamera 1/30 sec, belichten Sie auf 1/125 sec.

Achten Sie bei der Bildgestaltung darauf, dass das Motiv nicht in der Mitte liegt und die Landschaft dominiert.

TIPP

Wenn keine Pistenraupe verfügbar ist, kommt als Motiv natürlich auch eine beleuchtete Skihütte oder Ähnliches in Frage.

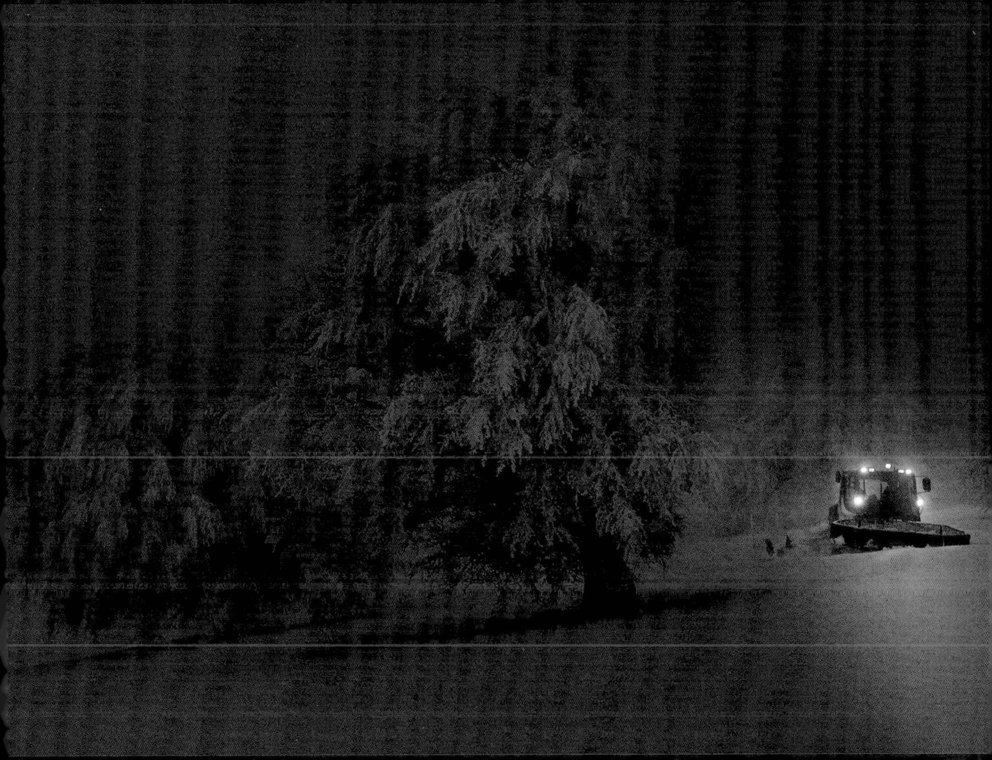

Nikon D810 | 55 mm | f/5.6 | 1/125 sec | ISO 400

Raureif

Checkliste

- Kamera
- Zoom-Objektiv 80–200 mm
- Stativ
- Fernauslösekabel

Vorbereitung

Sie brauchen eine sichere Wettervorhersage mit Nebel in der Nacht und Frost am Morgen. Da die aufgehende Sonne schnell für eine Lufterwärmung und Abtauen sorgen wird, haben Sie nur wenige Minuten Zeit für diese Aufnahmesituation. Am besten sind Sie daher schon eine halbe Stunde vor Sonnenaufgang vor Ort.

Umsetzung

Achten Sie darauf, dass Ihnen die Sonne nicht direkt ins Objektiv scheint. Suchen Sie eine Kameraposition, bei der die Sonne von Bäumen oder Sträuchern verdeckt ist. Überprüfen Sie die Aufnahme bei abgeblendetem Objektiv mittels Abblendtaste auf mögliches Streulicht. Gegebenenfalls verändern Sie leicht Ihren Standort.

Da die Gegenlichtsituation Ihrem Belichtungsmesser mehr Licht als tatsächlich vorhanden vorgaukeln wird, belichten Sie über: Zeigt Ihr Belichtungsmesser 1/30 sec, belichten Sie also mit 1/15 sec. Blende 11 bringt bei einer leichten Teleaufnahme mit genügend Abstand zum Motiv genügend Tiefenschärfe.

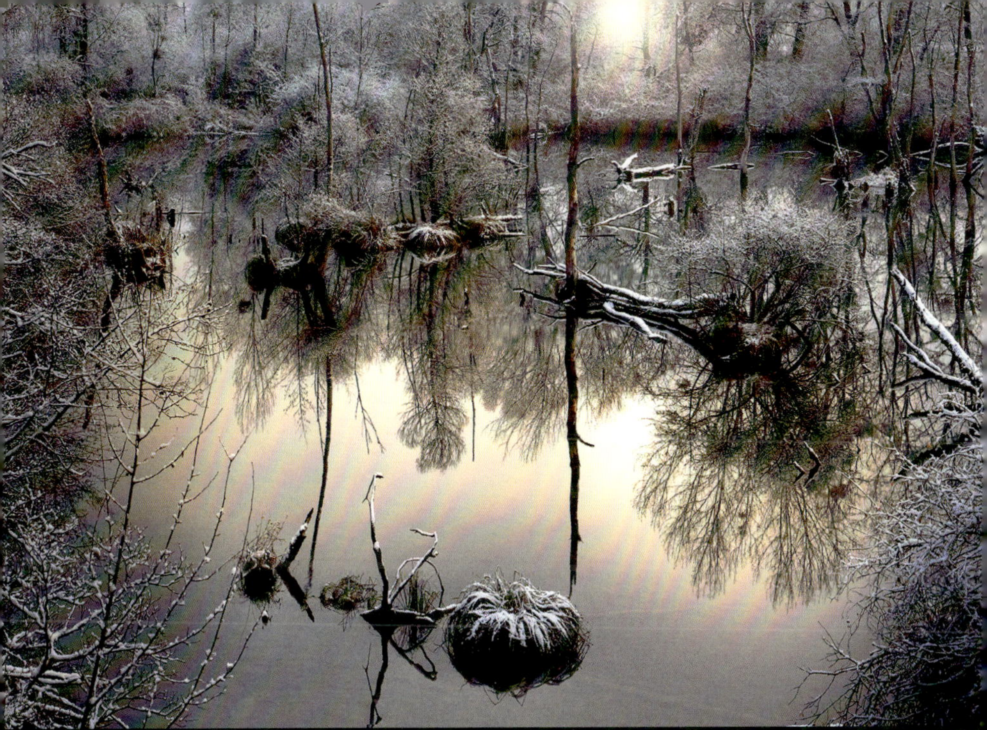

Nikon D700 | 100 mm | f/11 | 1/15 sec | ISO 100 | Spiegelvorauslösung

Tristesse

Checkliste

- Kamera
- Zoom 24–120 mm
- Stativ
- Fernauslösekabel

Vorbereitung

Endlich mal nicht früh raus! Ab November bieten sich genügend neblig-graue Tage. Schön ist es, wenn noch etwas herbstlich-buntes Laub die Bäume ziert. Idealerweise finden Sie einen Standort, der Ihnen für die Weitwinkelaufnahme interessante Details im Nahbereich bietet. So ergibt sich der Eindruck, die eingerahmte Landschaft öffne sich für den Betrachter.

Umsetzung

Fokussieren Sie die Details im Nahbereich. Für die Tiefenwirkung blenden Sie maximal ab, je nach Objektiv Blende 16 bis 22. Achten Sie bei Nebelaufnahmen auf die korrekte Belichtung. Dazu stellen Sie Ihre Kamera entweder auf automatische Belichtungsreihen ein oder belichten besser gleich manuell. Belichten Sie dabei mindestens eine Blende über: Zeigt Ihr Belichtungsmesser 1/20 sec, belichten Sie mit 1/10 sec.

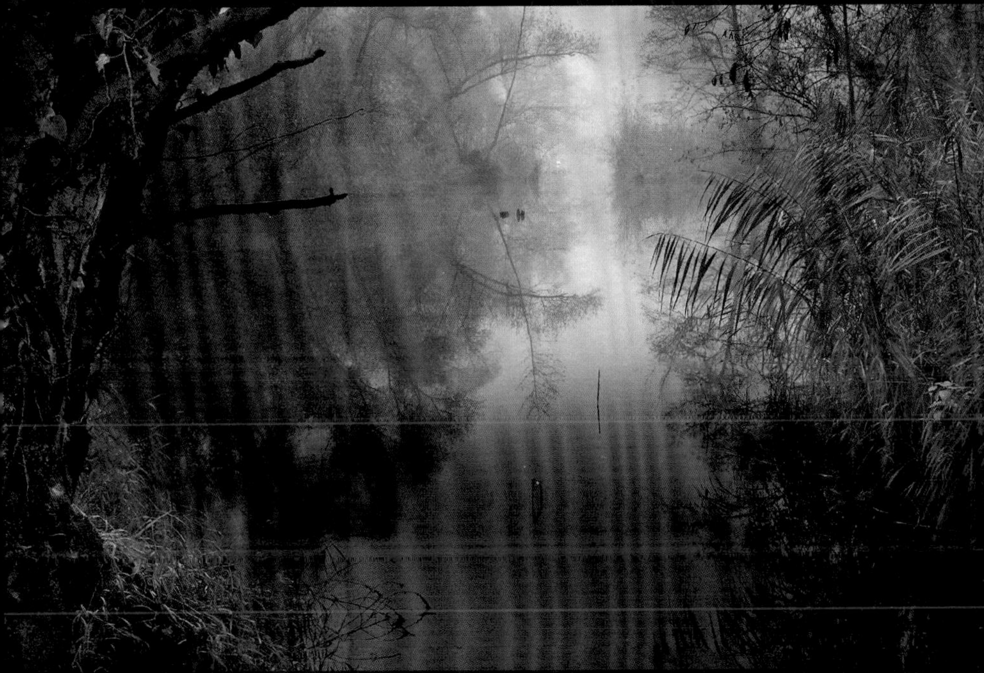

Nikon D810 | 24 mm | f/16 | 1/10 sec | ISO 64 | Spiegelvorauslösung

Winterbäume

Checkliste

- Kamera
- Zoom-Objektiv 24–120 mm
- Stativ
- Fernauslösekabel
- Schneeschuhe oder Ski

Vorbereitung

Neuschnee ohne Spuren wäre ideal für Ihr Vorhaben. Am Neuschnee selbst können Sie nichts drehen, aber wenn Sie früh rauskommen, sind Fußspuren unwahrscheinlicher. Geeignet ist ein bedeckter Tag mit etwas Lichtdurchbrüchen. Nehmen Sie sich jedoch keine allzu großen Entfernungen vor: Mit Stativ und Ausrüstung durch den Tiefschnee geht auf die Kondition.

Umsetzung

Weitwinkelaufnahmen brauchen einen spannenden Vordergrund. Gehen Sie bis auf die Naheinstellungsgrenze ans Motiv im Vordergrund heran. Blenden Sie auf die kleinste Blende ab, je nach Objektiv Blende 16 bis 22.

Weißer Schnee führt zu Unterbelichtung. Machen Sie daher entweder Belichtungsreihen im Zeitautomatikmodus oder belichten Sie manuell mindestens eine, besser zwei Blenden über. Zeigt Ihre Belichtungsmessung 1/60 sec, versuchen Sie es mit 1/15 sec.

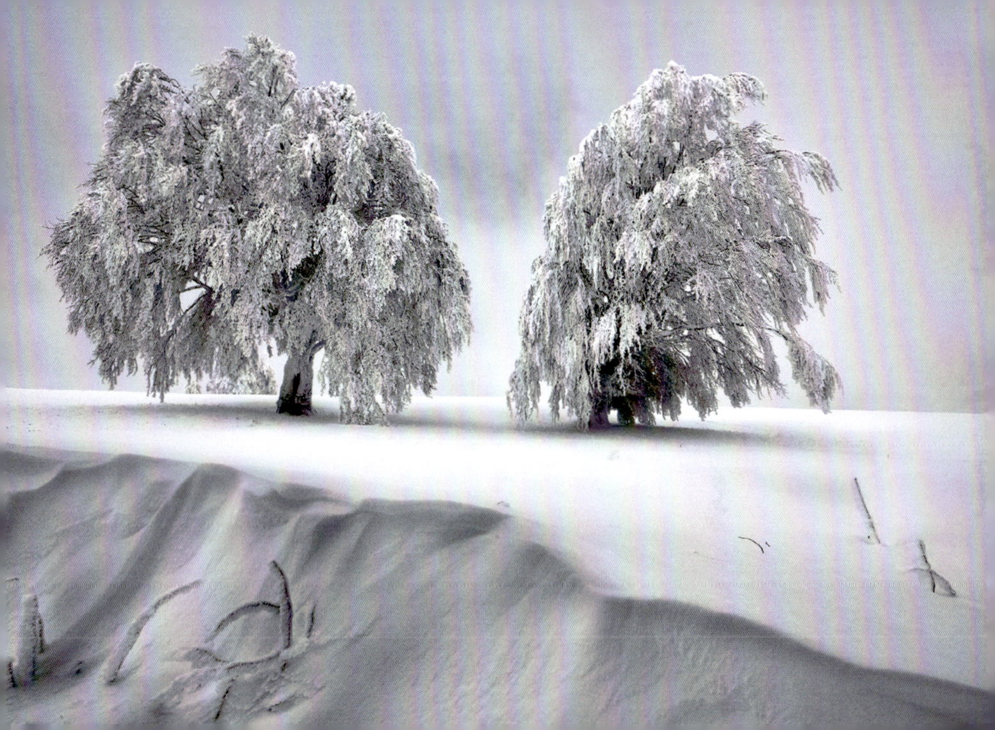

High Key

Checkliste

- Kamera
- Zoom 24–120 mm
- Stativ
- Fernauslösekabel

Vorbereitung

Neuschnee im Winterwald an einem bedeckten nebligen Tag. Achten Sie darauf, keine Trittspuren im Schnee mit aufs Bild zu bekommen. So erhalten Sie die Illusion einer (noch) unberührten Naturlandschaft.

Umsetzung

Auf Ihren Belichtungsmesser können Sie sich bei diesen vielen Weißanteilen nicht verlassen. Wenn schon manuell belichten, warum nicht mal extrem überbelichten? Bei einer High-Key-Aufnahme gehen Sie an die Grenze der Überbelichtung. Diese Grenze ist dann erreicht, wenn die hellen Details ihre Zeichnung verlieren.

Bei Verwendung des Weitwinkels achten Sie auf interessante Bilddetails im Vordergrund. Fokussieren Sie auf die vorderen Bildelemente und stellen Sie auf Blende 16 oder 22.

HIGH-KEY-AUFNAHMEN

High Key nennt sich ein fotografischer Stil, bei dem helle Farbtöne, weiches Licht und niedrige Kontraste dominieren. Das Gegenstück wäre die Low-Key-Fotografie, wo dunkle Farbtöne vorherrschen.

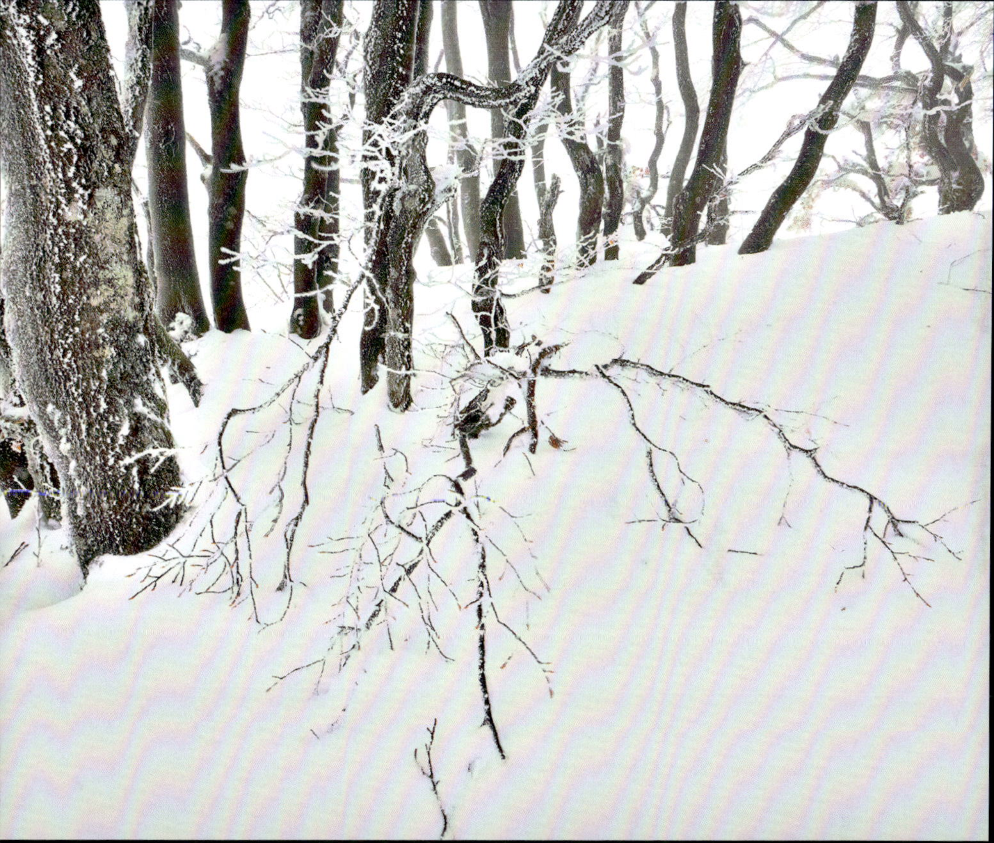

Nikon D810 | 24 mm | f/22 | 1/15 sec | ISO 64 | Spiegelvorauslösung

Wolkenspiegelung

Checkliste

- Kamera
- Zoom-Objektiv 24–120 mm
- Stativ
- Fernauslösekabel

Vorbereitung

Kurz vor Sonnenaufgang färben sich Himmel und Wolken in zarten Rotpastelltönen. Auch wenn der Sonnenaufgang nicht klar ist, war der Weg nicht umsonst: Die noch kontrastarme Landschaft macht eine gleichmäßige Ausleuchtung möglich. Suchen Sie sich wenn möglich eine Stelle mit Blick in Richtung Osten. Gegen die aufgehende Sonne sind die Farbspiele am schönsten.

Umsetzung

Um die komplette Landschaft mit Spiegelung abzubilden, wählen Sie das Weitwinkel. Jetzt kurz vor Sonnenaufgang werden Sie noch wenig Licht zur Verfügung haben. Das bedeutet lange Verschlusszeiten und die Verwendung eines Stativs.

Die Stativbeine fahren Sie so hoch wie möglich aus, denn die erhöhte Perspektive erleichtert Ihnen die Bildgestaltung. Versuchen Sie ungefähr ein Drittel Himmel und zwei Drittel Wasser oder umgekehrt aufs Bild zu bekommen, nie jedoch halb-halb.

Nikon D810 | 24 mm | f/11 | 1/15 sec | ISO 64 | Spiegelvorauslösung

HDR-Panorama

Checkliste

- Kamera
- Zoom-Objektiv 80–200 mm
- Stativ
- Fernauslösekabel

Vorbereitung

Hier kombinieren Sie zwei Techniken miteinander: HDR und Panoramafotografie. Ihr Motiv braucht dafür im Grunde keine speziellen Voraussetzungen. Ob früher Vormittag oder früher Abend, ist im Grunde gleichgültig. Seien Sie sich jedoch darüber im Klaren, dass die Nachbearbeitung Zeit in Anspruch nehmen wird.

Umsetzung

Beginnen Sie mit mindestens drei verschieden Belichtungen im Hochformat. Nutzen Sie dafür die Belichtungsreiheneinstellung Ihrer Kamera oder belichten Sie manuell mit drei verschiedenen benachbarten Blendenwerten. Schwenken Sie nun in der horizontalen Achse für die nächsten Belichtungsreihen. Diesen Vorgang wiederholen Sie je nach gewünschter Bildbreite. Für ein Panoramabild im Abbildungsverhältnis 3:1 benötigen Sie mindestens vier Aufnahmen, also insgesamt zwölf Einzelaufnahmen.

PANORAMABILDER

Achten Sie bei den Einzelaufnahmen auf genügend Überlappung mit der jeweils nächsten Aufnahme. Nur so kann später Ihr Panoramaprogramm die Bilder exakt zusammenfügen.

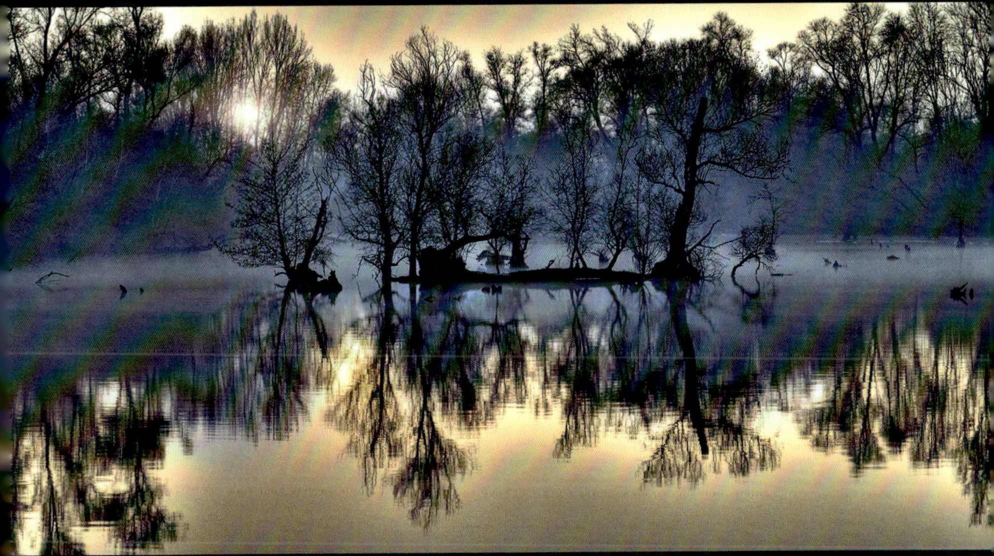

Nikon D700 | 80 mm | f/11 | 1/15 sec – 1/30 sec – 1/60 sec | ISO 100 | Spiegelvorauslösung

Wanderschäfer

Checkliste

- Kamera
- Teleobjektiv 300 mm
- Stativ

Vorbereitung

Der Mensch beeinflusst das Bild unserer Landschaft nachhaltig. Ein positives Beispiel ist die Wanderschäferei. Schafe halten Sträucher und Jungbäume kurz und tragen so wesentlich zur natürlichen Offenhaltung der Landschaft bei. Warum also nicht einmal eine Kombination aus Porträt und Landschaft? Damit das Foto nicht gestellt wirkt, nähern Sie sich dem Thema zunächst einige Tage ohne Kamera. Gespräche schaffen Vertrauen und letztlich sogar Unterstützung bei der Umsetzung der Bildidee durch die Protagonisten selbst.

Umsetzung

Kurz vor Sonnenuntergang entstehen in der noch kalten Märzluft schöne Farbspiele. Blenden Sie an Ihrem Teleobjektiv maximal ein bis zwei Blenden ab, je nach Teleobjektiv Blende 4 bis 5.6. Das genügt, um sowohl den Schäfer vor dem Hintergrund freizustellen als auch den Hintergrund zumindest anzudeuten.

MODEL-RELEASE-VERTRAG

Da die Persönlichkeitsrechte einer fotografierten Person geschützt sind, empfehle ich Ihnen, auf jeden Fall einen sogenannten Model-Release-Vertrag abzuschließen, eine schriftliche Zustimmung der abgebildeten Person zur Verwendung und Veröffentlichung des Fotos.

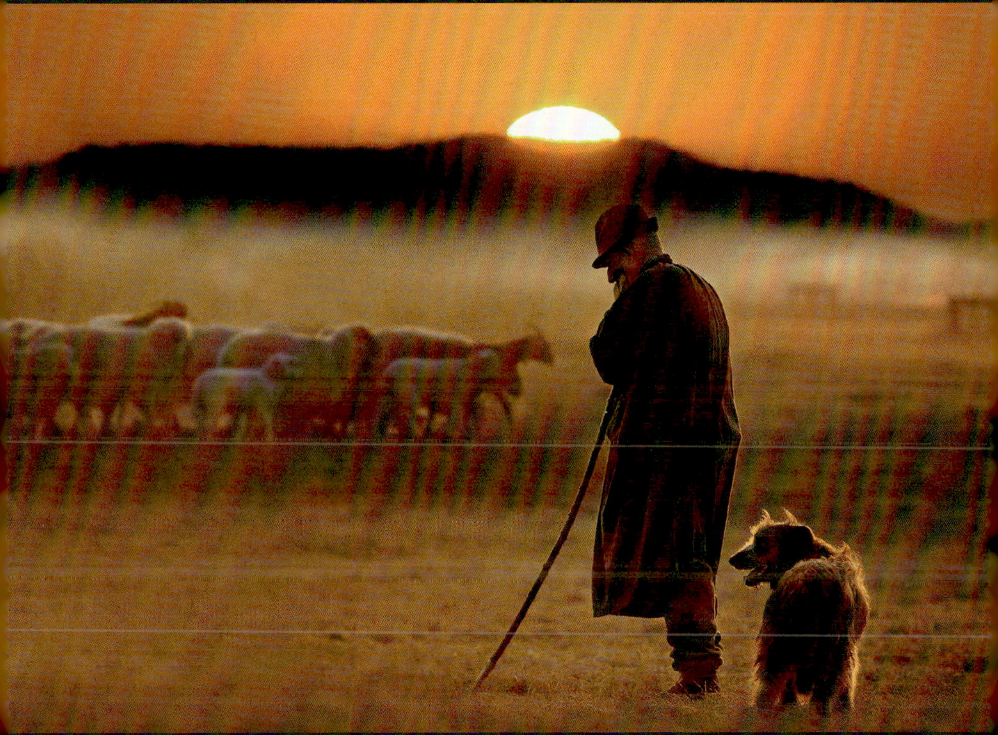

Nikon D700 | 300 mm | f/5.6 | 125 sec | ISO 100

Rheinfischer

Checkliste

- Kamera
- Zoom-Objektiv 80–200 mm
- Stativ
- Wathose

Vorbereitung

Ob nun Angler oder Fischer – nehmen Sie im Vorfeld Kontakt auf und fragen Sie die Mitwirkungsbereitschaft ab. Sie werden überrascht sein, wie viele interessante Begegnungen dadurch entstehen. Selten werden Sie auf Ablehnung stoßen, die schriftliche Zustimmung der fotografierten Person per Model-Release-Vertrag immer vorausgesetzt.

Für dieses Bild stand ich bei Sonnenaufgang über eine Stunde brusttief im kalten Altrhein. Der Nebel über dem Wasser sollte die Stimmung der Aufnahme eines Wurfnetzfischers bei der Arbeit verstärken. Mehrere Anläufe waren nötig, bis die geeignete Wettersituation eintrat. Technisch musste dann nur noch eine kurze Verschlusszeit mit Fokussierung auf das abgeworfene Netz realisiert werden.

Umsetzung

Achten Sie bei der tief stehenden Sonne darauf, dass Ihnen keine Lichtreflexe entstehen. Die geöffnete Blende sorgt für die ausreichend kurze Verschlusszeit von 1/500 sec. Damit können Sie die Bewegung des fliegenden Netzes „einfrieren“. Sollte Ihre kleinste Blende 4 sein, stellen Sie Ihre Kamera auf ISO 400.

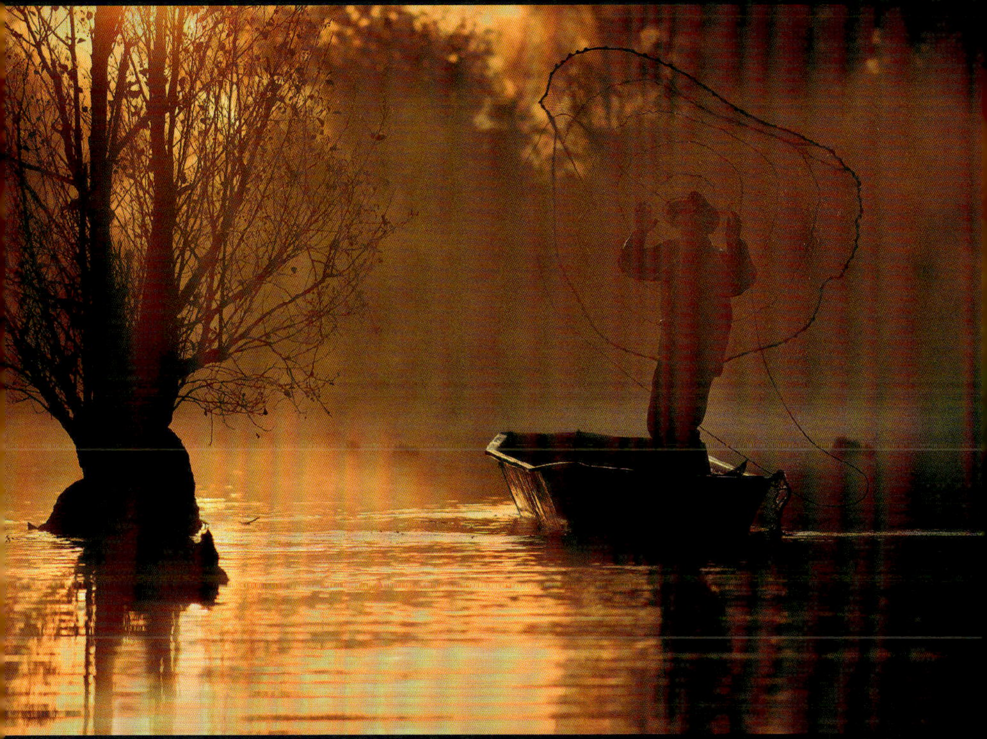

Nikon D810 | 200 mm | f/2.8 | 1/500 sec | ISO 200

Sternenhimmel

Checkliste

- Kamera
- lichtstarkes Objektiv 50 mm
- Stativ
- Fernauslösekabel

Vorbereitung

Aufnahmen mit Sternenhimmel stellen sowohl an den Fotografen als auch an die Ausrüstung höchste Ansprüche. Sie benötigen dafür ein lichtstarkes Objektiv mit mindestens 2.8 Anfangsblende. Die günstigste Variante ist ein 50-mm-Standardobjektiv. Neben einer sternenklaren Nacht suchen Sie sich eine Stelle mit Umgebungsbeleuchtung, andernfalls werden Sie in Ihrer Aufnahme nur Sterne erkennen. Da Schnee schon minimales Licht reflektiert, sind Winternächte ideal. Bei dieser Aufnahme diente ein beleuchteter Skilift als Lichtquelle.

Umsetzung

Bedingt durch die Erdrotation werden Sterne bei einer Belichtungszeit länger als 30 Sekunden nicht mehr punktförmig, sondern als Striche abgebildet. Stellen Sie die Empfindlichkeit auf ISO 1600 oder höher. Je nach Kamera und Sensor haben Sie dann noch recht wenig störendes Bildrauschen bei ordentlicher Bildqualität. Blenden Sie das Objektiv nur minimal von Blende 1.8 auf Blende 2.2 ab. Autofokusobjektive haben den Nachteil, dass die Unendlich-Einstellung nicht stimmt. Sie müssen daher bei Tageslicht ein Objekt im Unendlichbereich anfokussieren und den Fokuseinstellring für die Nachtaufnahme mit einem Klebestreifen fixieren.

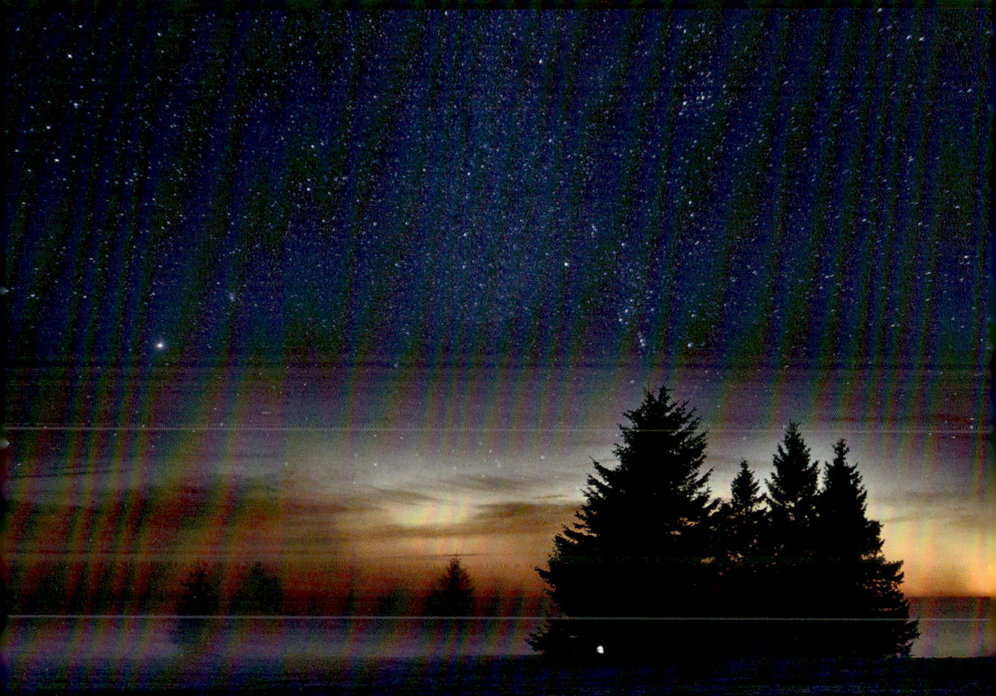

Nikon D810 | 50 mm | f/2.2 | 20 sec | ISO 1600 | Spiegelvorauslösung

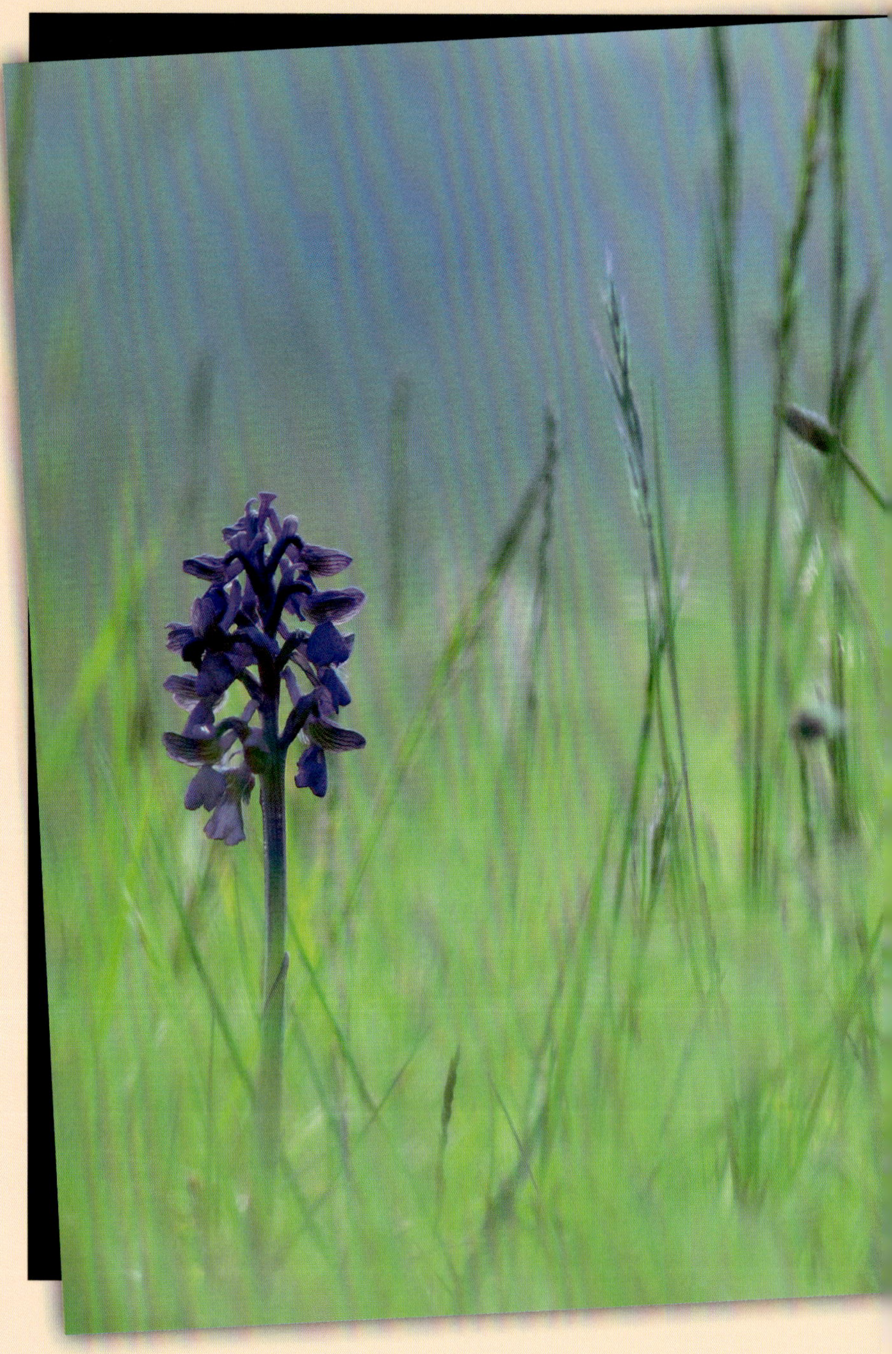

Makrofotografie

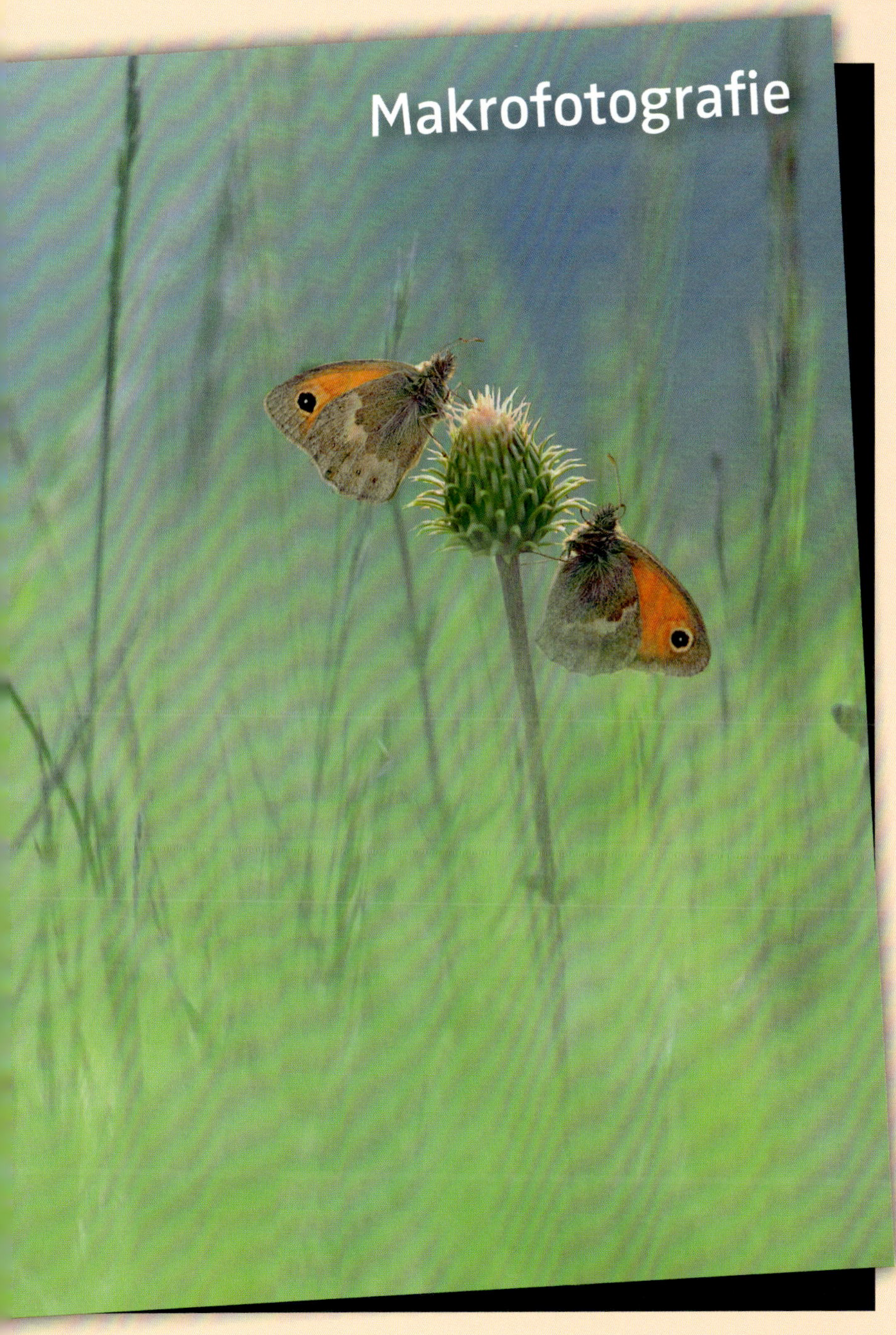

Baumweißling

Checkliste

- Kamera
- Makro-Objektiv 105 mm
- Bodenstativ oder Bohnensack
- Isomatte
- LED-Leuchte und Fernglas

Vorbereitung

Ideal wäre ein kühler regnerischer Tag im Frühjahr. Die Tageszeit spielt dabei keine Rolle. Suchen Sie die Wiese mit dem Fernglas nach geeigneten Motiven ab.

Umsetzung

Positionieren Sie zunächst Ihre Beleuchtungsquelle hinter dem Falter. Die Flügel eines weißen Falters strahlen mit Gegenlicht am schönsten. Achten Sie darauf, dass die Lichtquelle im Bild nicht sichtbar wird. Suchen Sie nach einer Kameraposition, die sich absolut parallel zur Fläche der Falterflügel befindet. Dazu arbeiten Sie am besten in Bodennähe. Warten Sie einen windstillen Moment ab.

Blenden Sie nicht mehr als maximal drei Blendenwerte ab. Achten Sie darauf, dass der Hintergrund ruhig bleibt (Abblendtaste nutzen). Weiße Strukturen im Gegenlicht sind heikel in der Belichtung. Daher sollten Sie wenn möglich verschiedene Belichtungszeiten ausprobieren. Überprüfen Sie die Belichtung über das Histogramm Ihrer Kamera.

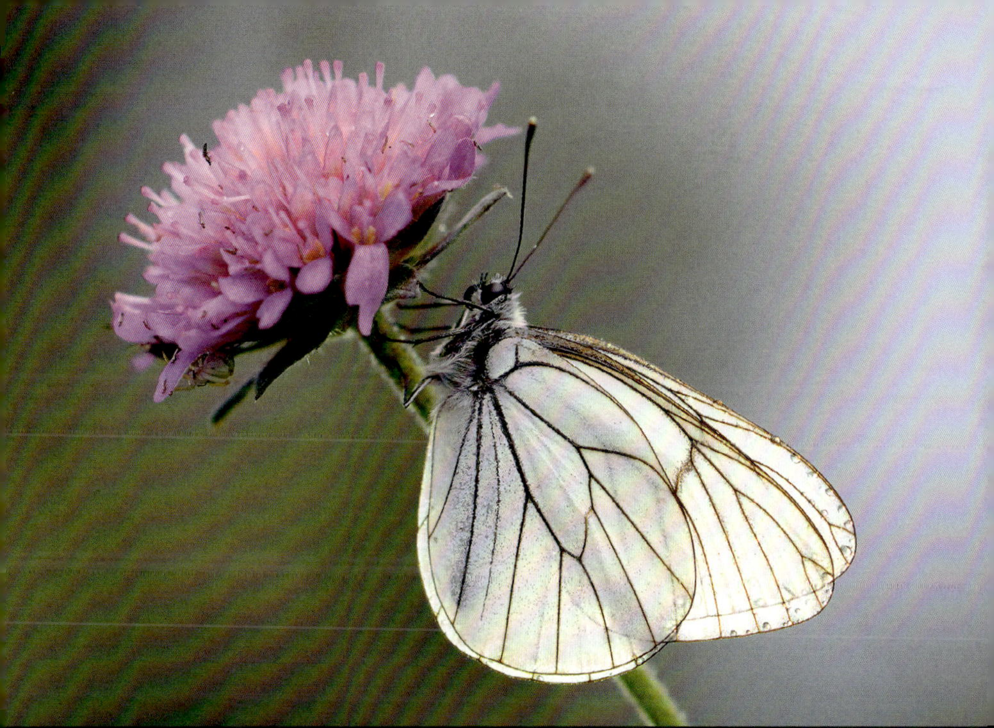

Nikon D700 | 105 mm | f/8 | 1/400 sec | ISO 200

Bläulinge

Checkliste

- Kamera
- Makro-Objektiv 105 mm
- Bodenstativ oder Bohnensack
- Fernauslösekabel
- LED-Taschenlampe, Fernglas und Isomatte
- Gummistiefel

Vorbereitung

Nutzen Sie eine Schlechtwetterperiode. Ein windstiller regnerisch-kühler Sommertag wäre ideal: Insekten verharren dann bewegungslos auf Pflanzenstängeln. Am besten suchen Sie die etwas höheren Pflanzen mit dem Fernglas nach geeigneten Motiven ab. Da Sie in kurzer Zeit durchnässt wären, sind hohe Gummistiefel ratsam.

Umsetzung

Haben Sie ein geeignetes Motiv gefunden, versuchen Sie zunächst, Ihre künstliche Beleuchtungsquelle zu positionieren. Das Motiv von hinten beleuchtet erzeugt eine dezente Gegenlichtsituation. Versuchen Sie nun, eine Kameraposition zu finden, bei der das Motiv sich auf einer Schärfeebene befindet. Dazu müssen Sie die Kameraposition sicher öfter horizontal oder vertikal verändern.

Achten Sie darauf, dass die Lichter durch Ihre Zusatzlichtquelle nicht „ausfressen", Sie also keine hellen Bildteile ohne Zeichnung bekommen. Für einen möglichst ruhigen Hintergrund blenden Sie nicht mehr als drei Blendenwerte ab (per Abblendtaste überprüfen).

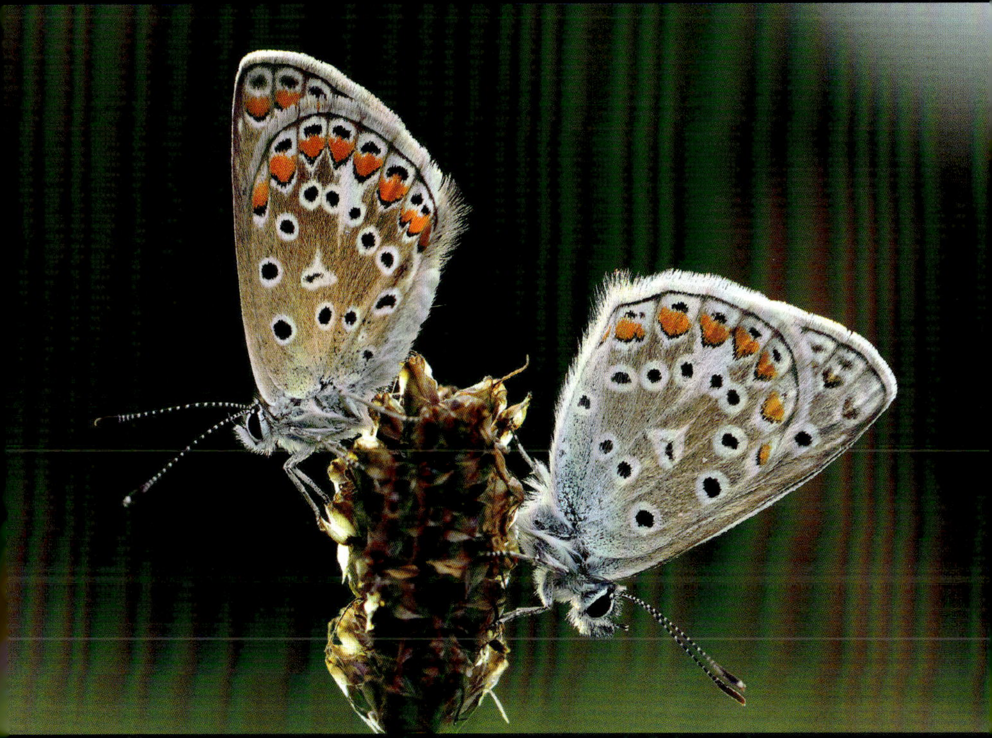

Nikon D300 | 105 mm | f/8 | 1/50 sec | ISO 200 | Spiegelvorauslösung

Eintagsfliege

Checkliste

- Kamera
- Makro-Objektiv 105 mm
- Bodenstativ oder Bohnensack
- Fernauslösekabel
- Aufhellfolie

Vorbereitung

Eintagsfliegen schlüpfen im Mai. In den Abendstunden suchen sie sich gerne einen Ruheplatz für die Nacht. Suchen Sie daher Pflanzen in Gewässernähe nach geeigneten Motiven ab. Je tiefer die Sonne steht, umso weicher wird Ihre Beleuchtung ausfallen. Hier bietet sich eine Gegenlichtaufnahme in der Abendsonne an.

Umsetzung

Nähern Sie sich dem Insekt vorsichtig mit Licht von hinten. Stellen Sie Ihr Stativ zunächst auf die Höhe des Motivs ein. Machen Sie zur Sicherheit eine Aufnahme und kontrollieren Sie das Ergebnis hinsichtlich Belichtung und Hintergrund. Nähern Sie sich weiter, bis Sie den gewünschten Bildausschnitt erzielen. Steht die Sonne tief, achten Sie darauf, dass sie nicht in die Linse scheint (zusätzlich zur Gegenlichtblende können Sie die flache Hand über Ihre Optik halten). Zur Aufhellung des Motivs von vorn können Sie eine Aufhellfolie nehmen.

Arbeiten Sie exakt parallel zum Motiv. Im Ergebnis sollten Kopf, Flügel und Schwanzfortsätze scharf sein. Blenden Sie dafür um drei Blenden von 2.8 auf Blende 8 ab.

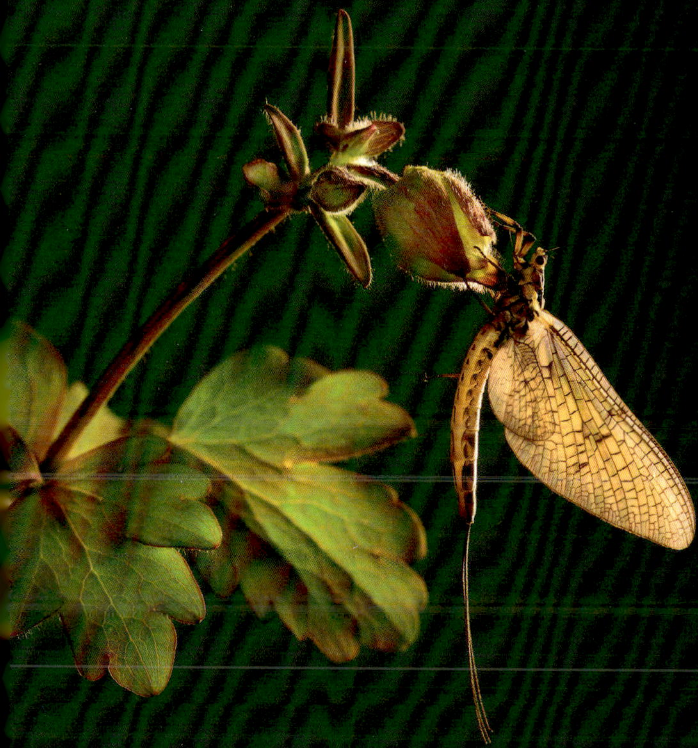

Nikon D810 | 105 mm | f/8 | 1/40 sec | ISO 100 | Spiegelvorauslösung

Gottesanbeterin

Checkliste

- Kamera
- Makro-Objektiv 105 mm
- Stativ
- Durchlichtschirm

Vorbereitung

Sie brauchen einen sonnigen heißen Spätsommertag. Nur dann werden Sie fliegende Gottesanbeterinnen beobachten können. Ein sitzendes Insekt zu finden, kommt der berühmten Suche mit der Stecknadel im Heuhaufen gleich – aber vielleicht haben Sie Glück!

Umsetzung

Der Trick bei grellem Sonnenlicht besteht in der Verwendung eines kleinen weißen durchscheinenden Sonnenschirms. Damit ist für eine schattenfreie Ausleuchtung gesorgt. Als Nebeneffekt entstehen interessante helle Hintergründe. Allerdings müssen Sie bei der Belichtung sehr sorgfältig sein. Messen Sie dazu am besten das Licht auf Ihrem Motiv. Die manuelle Belichtungseinstellung an Ihrer Kamera ist die beste Wahl. Blenden Sie um eine Blende auf Blende 4 ab.

DIE EUROPÄISCHE GOTTESANBETERIN

Zugegebenermaßen ist Mantis religiosa bei uns nicht sehr verbreitet. Am meisten Glück dürften Sie in Südbaden, Rheinland-Pfalz und Brandenburg haben. Und: Sogar in der Hauptstadt können Sie fündig werden: In Berlin-Schöneberg lebt seit einigen Jahren eine Population auf einem ehemaligen Güterbahnhof.

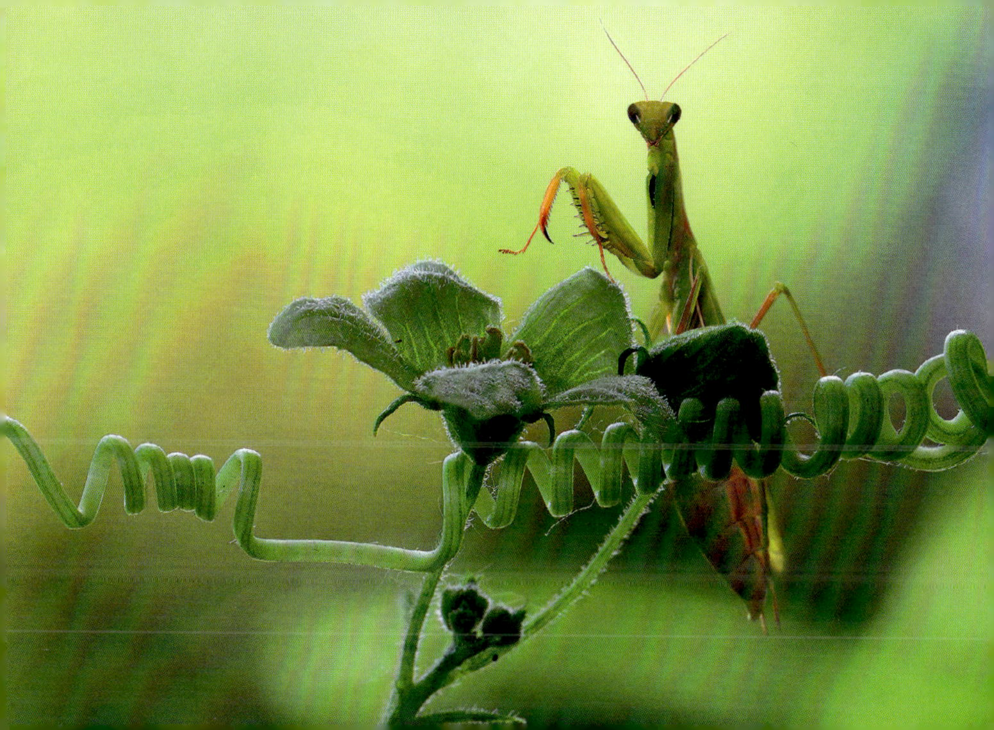

Küchenschelle

Checkliste

- Kamera
- Makro-Objektiv 105 mm
- Bodenstativ oder Bohnensack

Vorbereitung

Je nach Witterung blühen Küchenschellen schon ab Mitte März. Sie finden sie auf kalkhaltigem Trockenrasen. Die Form der halbgeschlossen Blüte dieses Hahnenfußgewächses erinnert an eine Kuhglocke oder -schelle, daher der Name.

Umsetzung

Um die feinen Härchen an den Blütenstängeln zum Leuchten zu bekommen, fotografieren Sie im Gegenlicht. Wählen Sie dabei einen Kamerastandpunkt in Bodennähe.

Versuchen Sie gegen einen dunkleren Hintergrund zu fotografieren. Suchen Sie sich eine Blütengruppe, die möglichst parallel zueinander steht. Blenden Sie maximal eine Blende von 2.8 auf 4 ab. Früher Morgen oder später Abend bringt wie immer das schönste Licht!

ACHTUNG!

Halbtrockenrasen sind trittempfindlich. Verhalten Sie sich daher umsichtig!

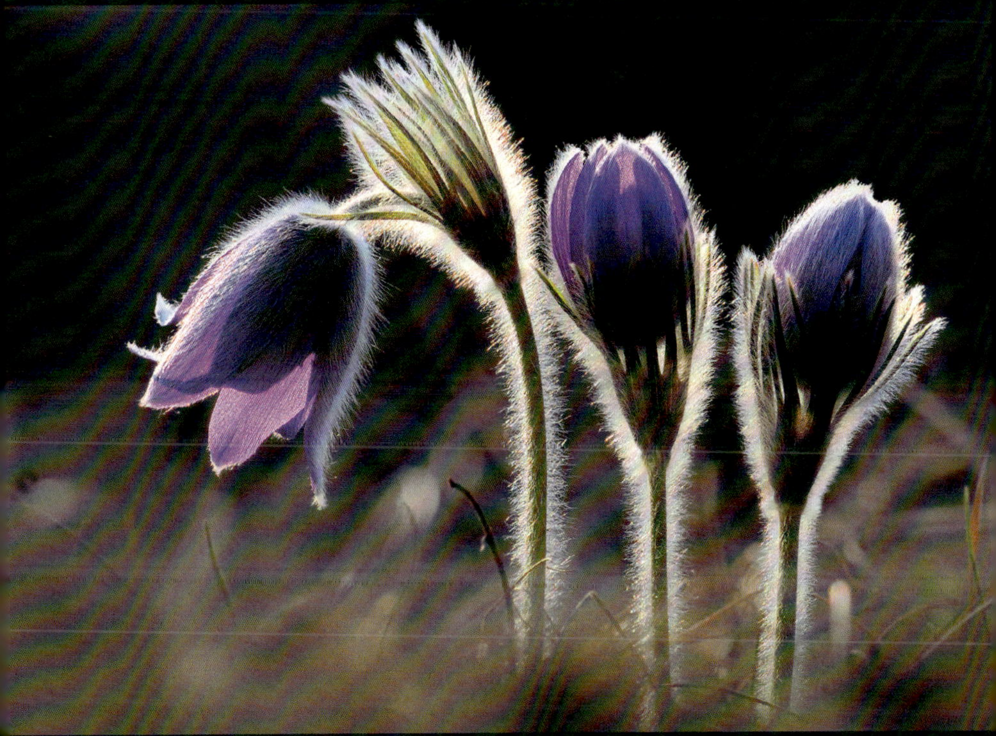

Nikon D300 | 105 mm | f/4 | 1/250 sec | ISO 100

Küchenschelle mit Fruchtständen

Checkliste

- Kamera
- Makro-Objektiv 105 mm
- Bodenstativ oder Bohnensack
- Durchlichtschirm

Vorbereitung

Dieselbe Blume wie im vorigen Motiv, diesmal jedoch im Mitlicht fotografiert, ergibt eine völlig andere Bildwirkung. Die freundlichlichte Bildwirkung wird durch leichte Überbelichtung, offene Blende und die Abschattung des Motivs mittels eines weißen Durchlichtschirms erzeugt.

Umsetzung

Blüte und Fruchtstände sollten parallel zueinander stehen. Da Sie mit offener Blende von 2.8 fotografieren, ist die Tiefenschärfe minimal. Das setzt exaktes Fokussieren voraus. Für die gleichmäßige Ausleuchtung des Motivs benutzen Sie einen weißen Durchlichtschirm. Versuchen Sie, so viel wie möglich überzubelichten. Die Grenze ist erreicht, wenn die Bildelemente keine Zeichnung mehr haben. Überprüfen Sie das Ergebnis im Histogramm Ihrer Kamera.

MITLICHT UND GEGENLICHT

Mitlicht ist das Gegenteil von Gegenlicht, die Sonne kommt also nicht von vorn, sondern steht im Rücken des Fotografen.

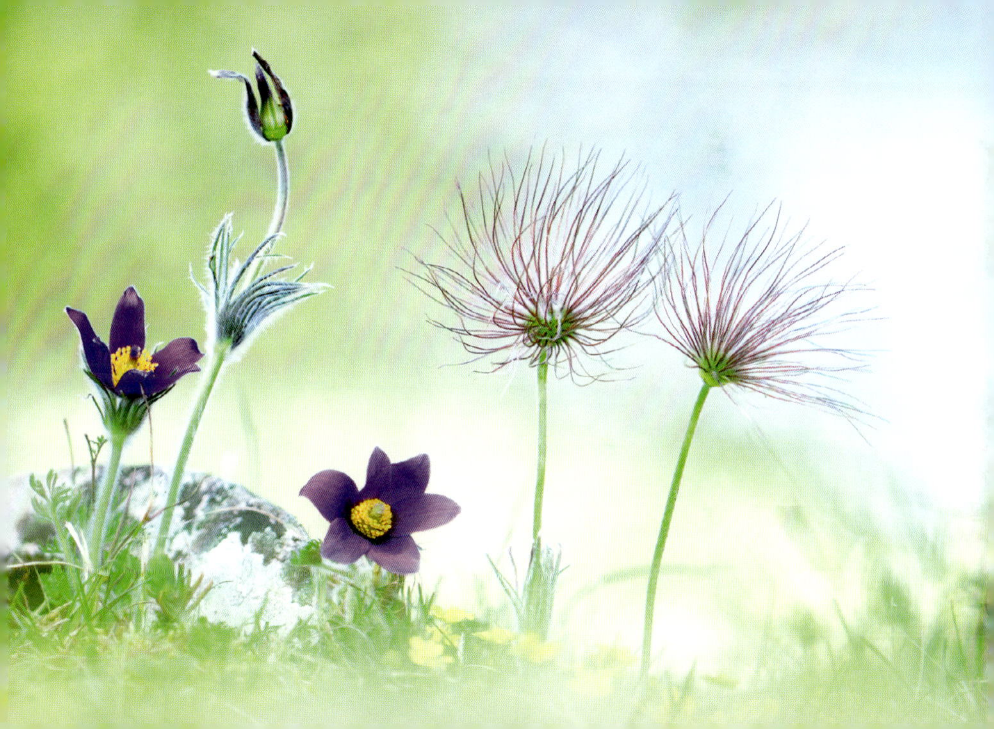

Bocksbart

Checkliste

- Kamera
- Makro-Objektiv 105 mm
- Bodenstativ oder Bohnensack

Vorbereitung

Im Spätsommer findet sich dieses Motiv auf vielen Wiesen. Alternativ tut es aber auch Löwenzahn. Der Effekt mit Sonne im Zentrum des Fruchtstandes lässt sich sowohl bei Sonnenaufgang als auch bei Sonnenuntergang realisieren.

Umsetzung

Warten Sie entweder auf die ersten oder – wie in diesem Fall – auf die letzten Sonnenstrahlen. Achten Sie darauf, gegen einen möglichst dunklen Hintergrund zu fotografieren: Sie sollten keinesfalls den Himmel aufs Bild bekommen.

Um einen möglichst dunklen Hintergrund zu erhalten, belichten Sie zwei Blendenwerte unter. Im Zeitautomatikmodus erreichen Sie dies, indem Sie auf minus zwei Blendenwerte korrigieren, manuell, indem Sie die Verschlusszeit um zwei Werte verkürzen.

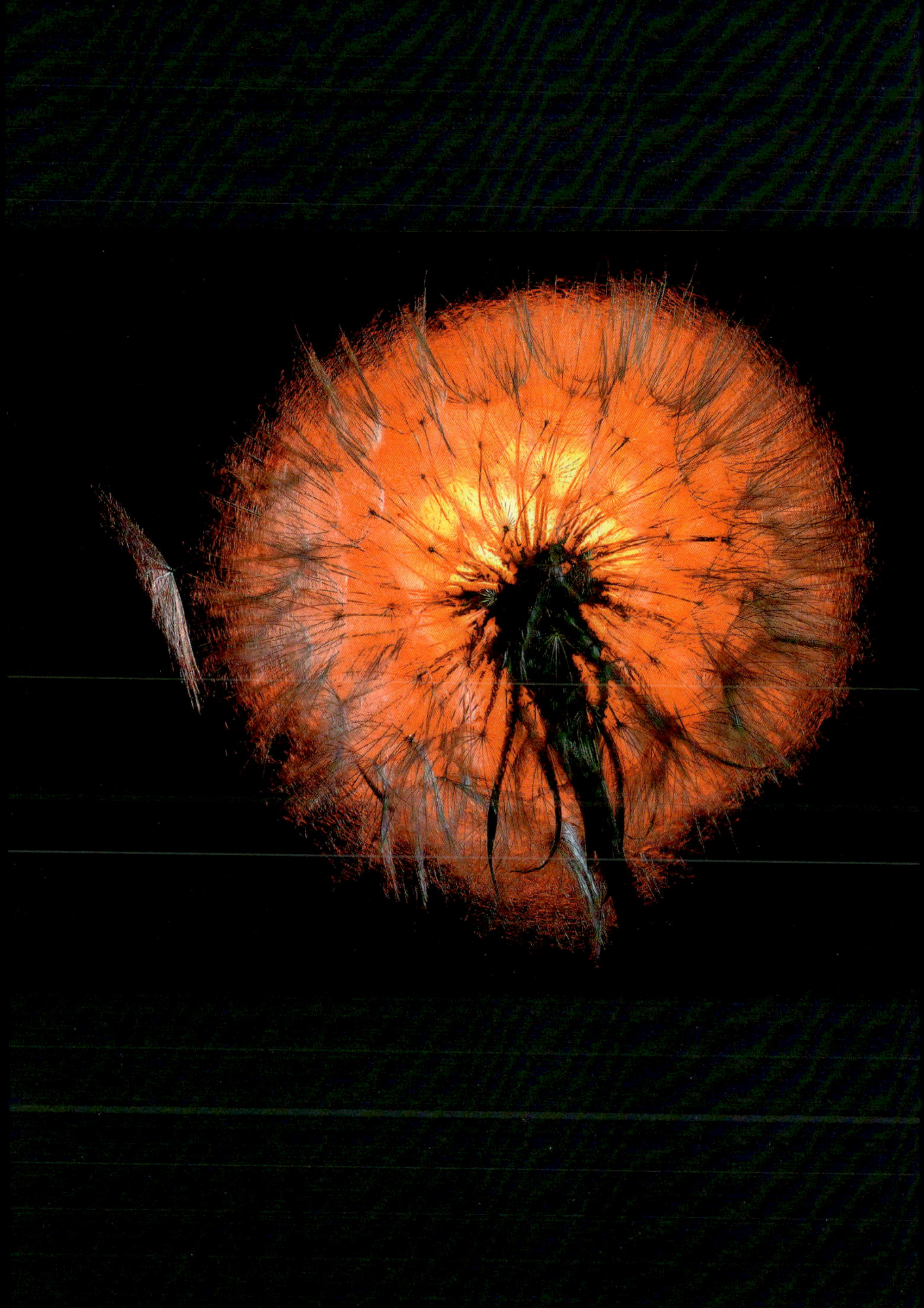

Nikon D700 | 105 mm | f/11 | 1/80 sec | ISO 100

Flaschenstäubling

Checkliste

- Kamera
- Makro-Objektiv 105 mm
- Bodenstativ oder Bohnensack
- Assistent
- Pipette und Wasser
- LED-Leuchten

Vorbereitung

Diese Aufnahme ist „tricky“: So ein Täubling pustet nur alle paar Stunden mal seine Sporen aus. Da können Sie nachhelfen: Um die Sporenexplosion auszulösen, träufelt ein Helfer von oben kleine Wassertropfen in den Pilz. Das sollten Sie an ein paar weniger schönen Exemplaren einfach mal ausprobieren, um Ihr Auslöse-Timing mit dem Assistenten abzustimmen.

Umsetzung

Geeignet ist ein dunkler Tag ohne Lichtdurchbrüche. Windstille ist von Vorteil. Um die Sporen gut sichtbar zu bekommen, brauchen die Pilze von hinten eine Leuchtquelle. Ein oder zwei LED-Lampen erfüllen diesen Zweck. Achten Sie auf einen ruhigen Hintergrund.

Bei offener Blende von 2.8 stellen Sie die Kamera auf Serienbildfunktion ein. Belichten Sie am besten manuell auf den Pilz.

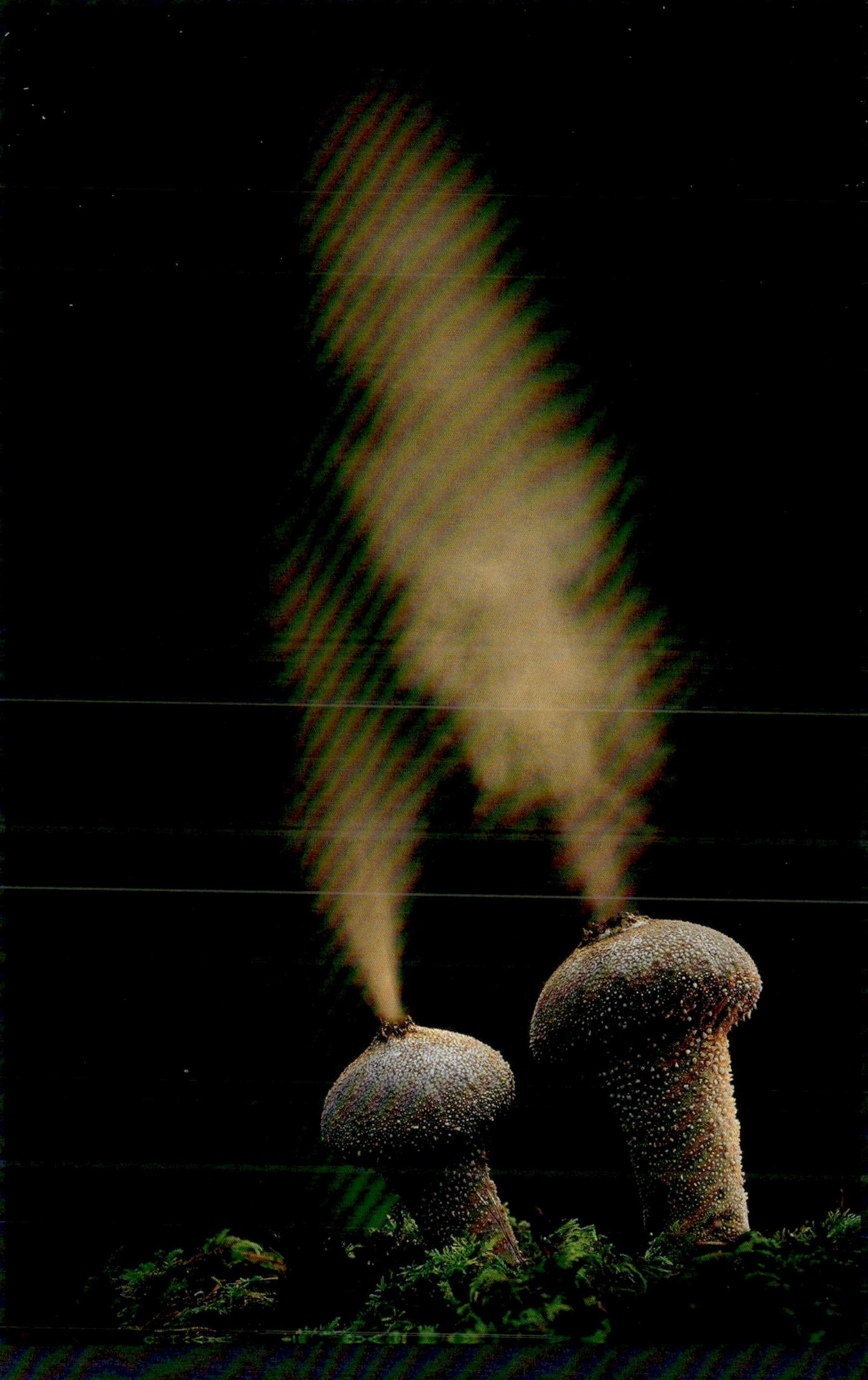

Nikon D700 | 105 mm | f/2.8 | 1/125 sec | ISO 400

Lacktrichterling

Checkliste

- Kamera
- Makro-Objektiv 105 mm
- Bodenstativ oder Bohnensack
- Fernauslösekabel
- Aufhellfolie

Vorbereitung

Ganz grundsätzlich bietet die Pilzfotografie viele Vorzüge im Makrobereich: Pilze stehen fest im Boden und sind nicht windanfällig. Abgesehen von harten Wintern sind sie ganzjährig zu finden. Pilze mit Lamellen und dünner Haut sind zum Fotografieren besonders geeignet. Das Gegenlicht lässt sie durchscheinen und erzeugt interessante grafische Strukturen.

Den Lacktrichterling, einen Speisepilz, finden Sie vom Sommer bis in den Herbst hinein. Er bildet mitunter skurrile Wuchsformen aus.

Umsetzung

Die ersten oder letzen Sonnenstrahlen im Gegenlicht erzeugen die schönsten Durchleuchtungen des Motivs. Der tiefste Kamerastandpunkt ist der beste.

Achten Sie bei der Wahl Ihres Motivs auf einen ruhigen Hintergrund. Eine leichte Unterbelichtung von einer halben Blende sorgt für kontrastreiche Details. Benutzen Sie zur Aufhellung der dunkleren Bereiche eine Aufhellfolie. Blenden Sie maximal zwei Blenden ab.

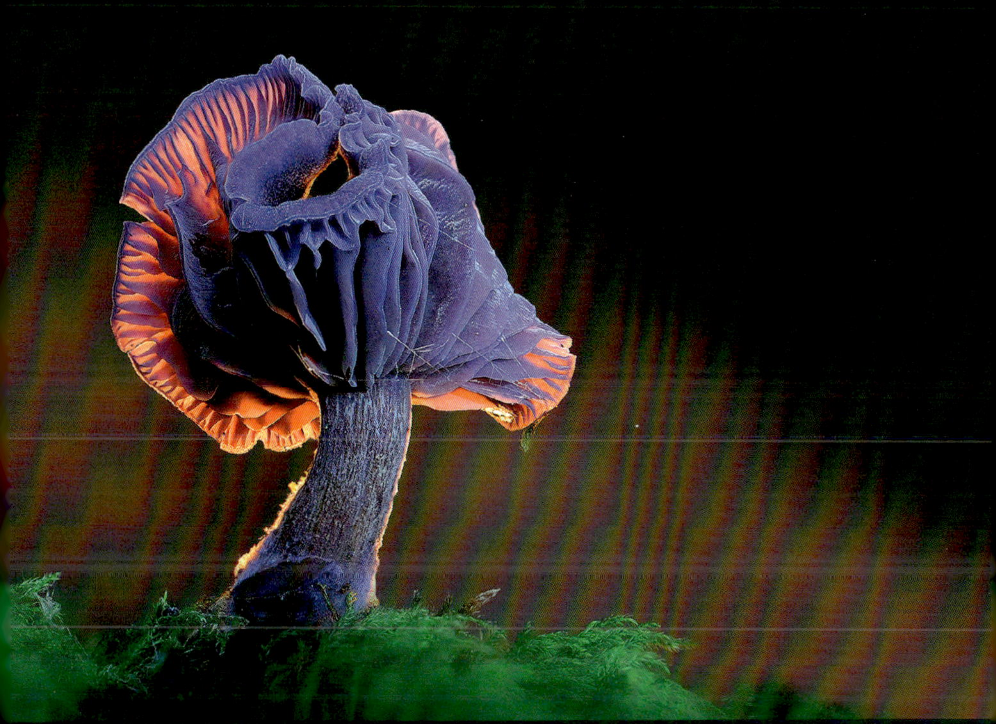

Nikon D700 | 105 mm | f/8 | 1/15 sec | ISO 100

Leberblümchen

Checkliste

- Kamera
- Makro-Objektiv 105 mm
- Bodenstativ oder Bohnensack
- Isomatte

Vorbereitung

Leberblümchen sind Frühjahrsblüher. Bereits Ende Februar entfalten sie in geschützten Lagen ihre Blütenpracht. Nicht selten werden sie dann noch einmal vom Winter überrascht – eine gute Gelegenheit, sich an einer extremen Überbelichtung zu versuchen. Sie brauchen Neuschnee und einen bedeckten Tag, Sonnenlicht wäre für diese Motivauswahl schädlich.

Umsetzung

Gehen Sie auf gleiche Höhe mit der Blume. Bei der Belichtung messen Sie ausschließlich die Blüte. Sie werden dafür die Belichtung kräftig ins Plus korrigieren müssen.

Im Zeitautomatikmodus korrigieren Sie mindestens mit plus zwei Blenden. Im manuellen Modus wählen Sie zwei Verschlusszeiten über der von der Kamera vorgeschlagenen Zeit und stellen von 1/1000 sec auf 1/250 sec.

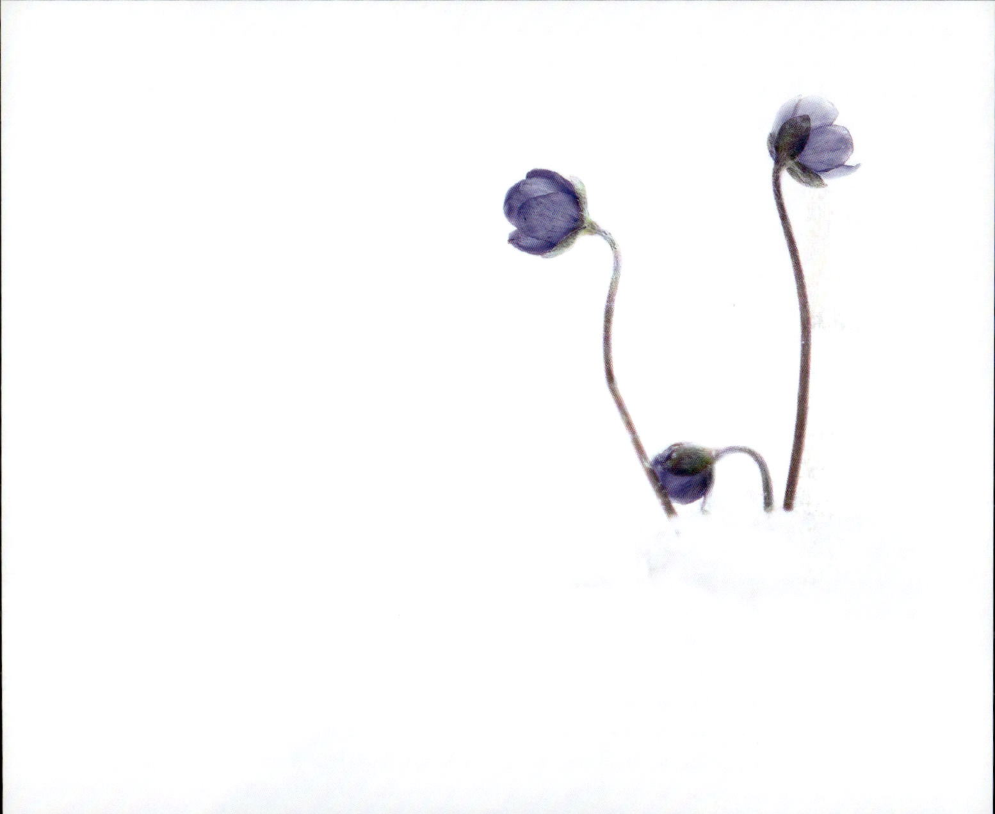

Nikon D810 | 105 mm | f/4 | 1/250 sec | ISO 64

Märzenbecher

Checkliste

- Kamera
- Makro-Objektiv 200 mm
- Bodenstativ oder Bohnensack
- Fernauslösekabel
- Isomatte
- LED-Leuchte

Vorbereitung

Sie brauchen einen bedeckten Tag ohne Sonne. Für eine dezente Hintergrundbeleuchtung nehmen Sie eine kleine LED-Leuchte oder eine Taschenlampe mit in den Wald. Sie werden sich auf den Waldboden legen müssen, eine angemessene Unterlage ist daher ratsam.

Umsetzung

Suchen Sie sich eine attraktive Blütengruppe, die möglichst parallel zueinander steht. Ideal wären Blüten im Vorder- und Hintergrund. Mit einer Offenblendaufnahme bilden sich die Blüten im Vordergrund als weiße Tupfer ab. Die Blüten im Hintergrund sind leicht angedeutet.

Beleuchten Sie Ihr Hauptmotiv von hinten. Fotografieren Sie so durch die Blüten im Vordergrund hindurch, dass sich Ihr Hauptmotiv gerade so scharf abbildet. Nutzen Sie dafür die offene Blende von 2.8 oder 4. Der Effekt Unschärfe-Schärfe-Unschärfe lässt sich mit einer längeren Brennweite besser realisieren.

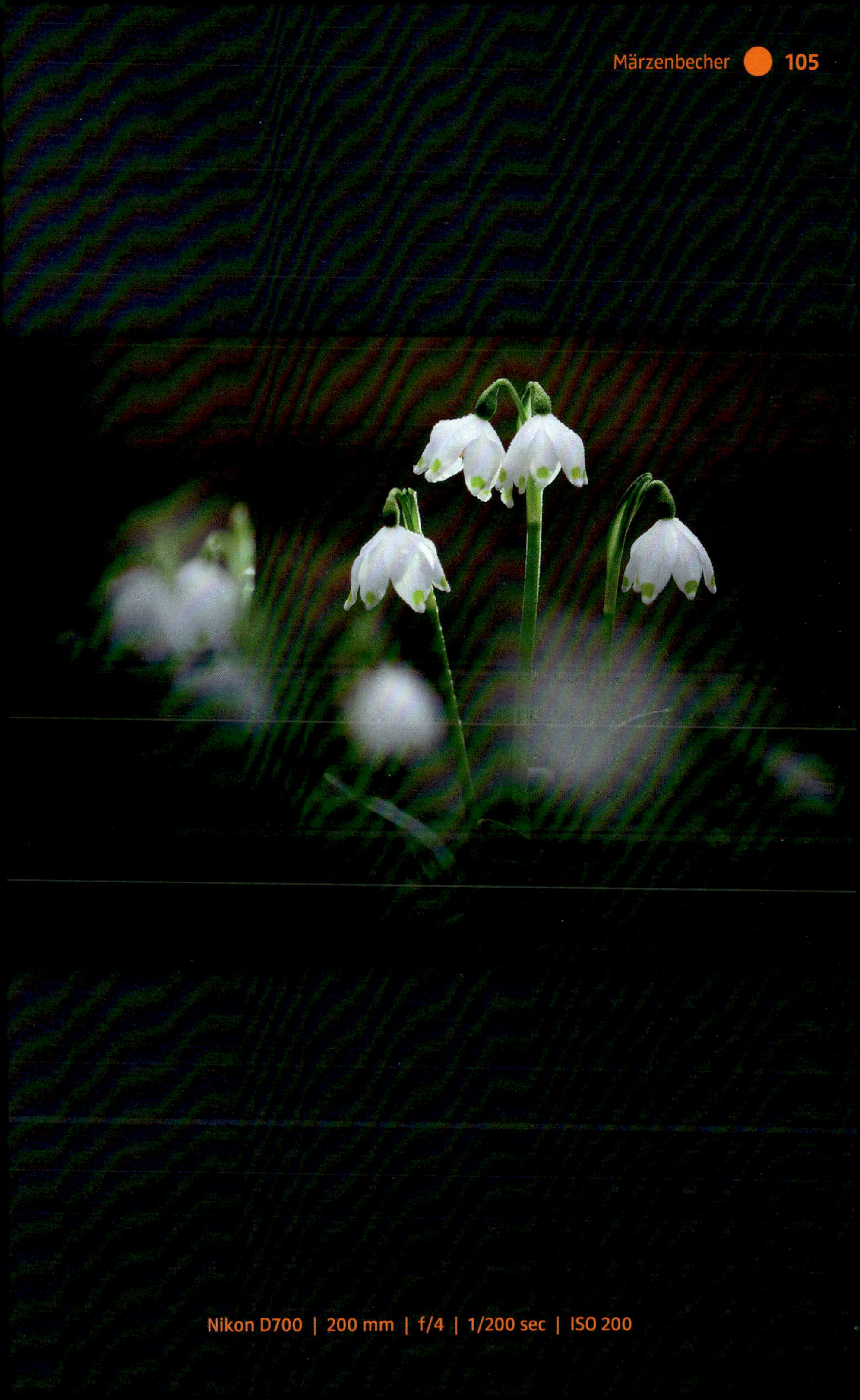

Nikon D700 | 200 mm | f/4 | 1/200 sec | ISO 200

Schneeglöckchen

Checkliste

- Kamera
- Makro-Objektiv 200 mm
- Bodenstativ oder Bohnensack

Vorbereitung

Suchen Sie eine Blüte am Rand eines Fließgewässers. Reizvoll wären weitere Blüten im Hintergrund. Sie benötigen einen sonnigen Tag, an dem Lichtreflexe auf der Wasseroberfläche entstehen.

Umsetzung

Wählen Sie zunächst einen Kamerastandpunkt, bei dem im Gegenlicht ausreichend Lichtreflexe abgebildet werden. Da nur sehr teure Objektive über kreisrunde Lamellen verfügen, wählen Sie die offene Blende von 2.8 oder 4: Nur dann werden die Reflexe annähernd rund abgebildet.

Die Belichtungsmessung Ihrer Kamera wird durch das sich ständig verändernde einfallende Licht irritiert. Verwenden Sie daher die manuelle Einstellung. Experimentieren Sie mit unterschiedlichen Belichtungszeiten.

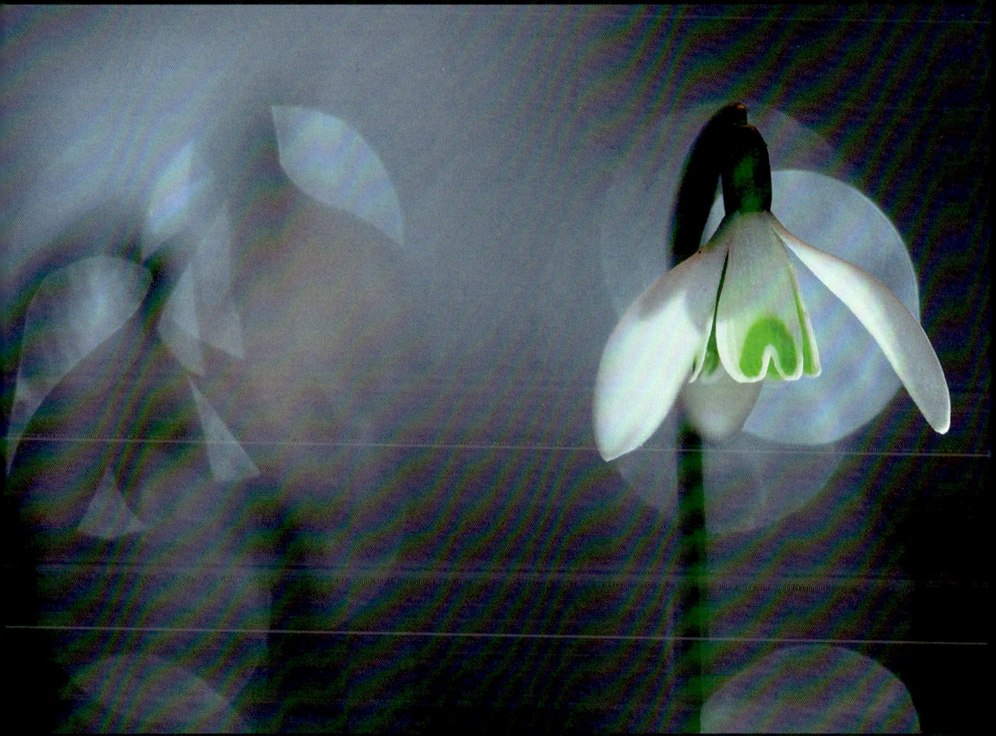

Nikon D810 | 200 mm | f/4 | 1/250 sec | ISO 200

Waldanemone

Checkliste

- Kamera
- Makro-Objektiv 105 mm
- Bodenstativ oder Bohnensack

Vorbereitung

Diese Aufnahme entstand unter den gleichen Bedingungen wie denen bei den Schneeglöckchen: Blüten am Rand eines Fließgewässers, Lichtreflexe auf der Wasseroberfläche.

Umsetzung

Zum Spiel mit Lichtreflexen im Gegenlicht kommt nun die Technik einer Doppelbelichtung zum Einsatz. Dazu aktivieren Sie im Kameramenü diese Funktion.

Bei der ersten Aufnahme liegt der Fokus wie gewohnt auf dem Hauptmotiv. Bei der zweiten Aufnahme fokussieren Sie deutlich hinter dem Hauptmotiv. Es reicht aus, das Hauptmotiv nur verschwommen im Sucher zu haben. Nach der zweiten Aufnahme wird Ihre Kamera die beiden Bilder zu einem zusammenfügen.

Ob eine solche „Defokussierungsaufnahme“ gefällt oder nicht, muss jeder für sich entscheiden – ich finde sie reizvoll.

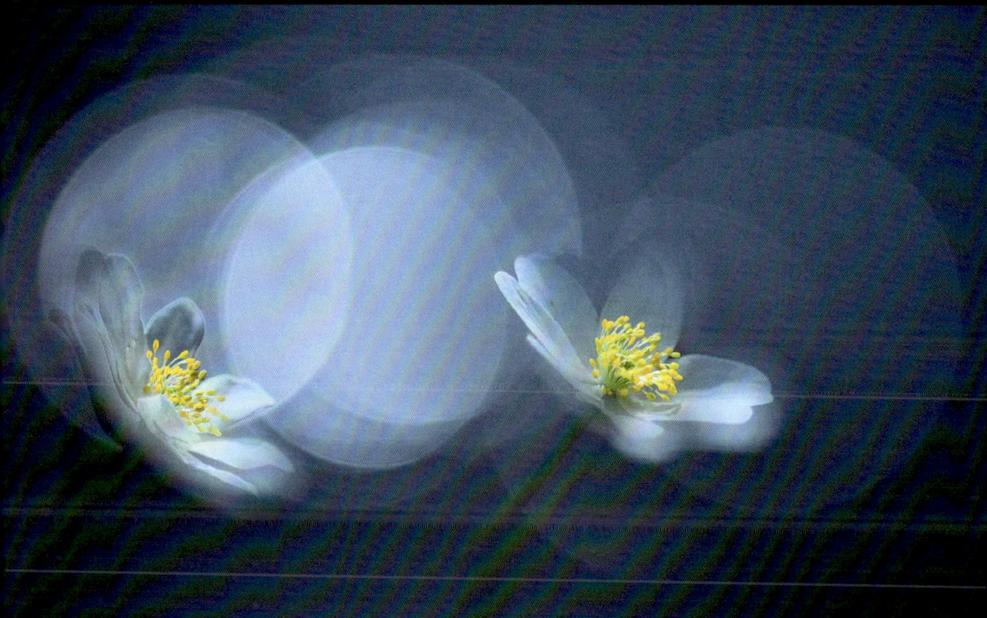

Nikon D810 | 105 mm | f/2.8 | 1/60 sec | ISO 100

Hummelragwurz

Checkliste

- Kamera
- Makro-Objektiv 105 mm
- Zwischenring
- Bodenstativ oder Bohnensack
- Fernauslösekabel
- Aufhellfolie

Vorbereitung

Diese kleine Orchidee liebt kalkreiche Trockenrasen. Sie blüht von Ende Mai in den Juni hinein. Trockenrasen sind extrem trittempfindlich: Wenn Sie einen Standort kennen, nehmen Sie bitte die Blüten, die am Wegrand stehen. Ideal ist der frühe Vormittag.

Umsetzung

Um die winzige Einzelblüte auf den Chip zu bannen, wird der Einsatz eines Zwischenrings notwendig. Ihr Makro-Objektiv ist für den Abbildungsmaßstab bis 1:1 berechnet. Mittels Zwischenring verkürzen Sie den Aufnahmeabstand und vergrößern den Abbildungsmaßstab.

Die Blüte ist im Gegenlicht besonders attraktiv. Zur Aufhellung der dunklen Blütenteile verwenden Sie eine Aufhellfolie.

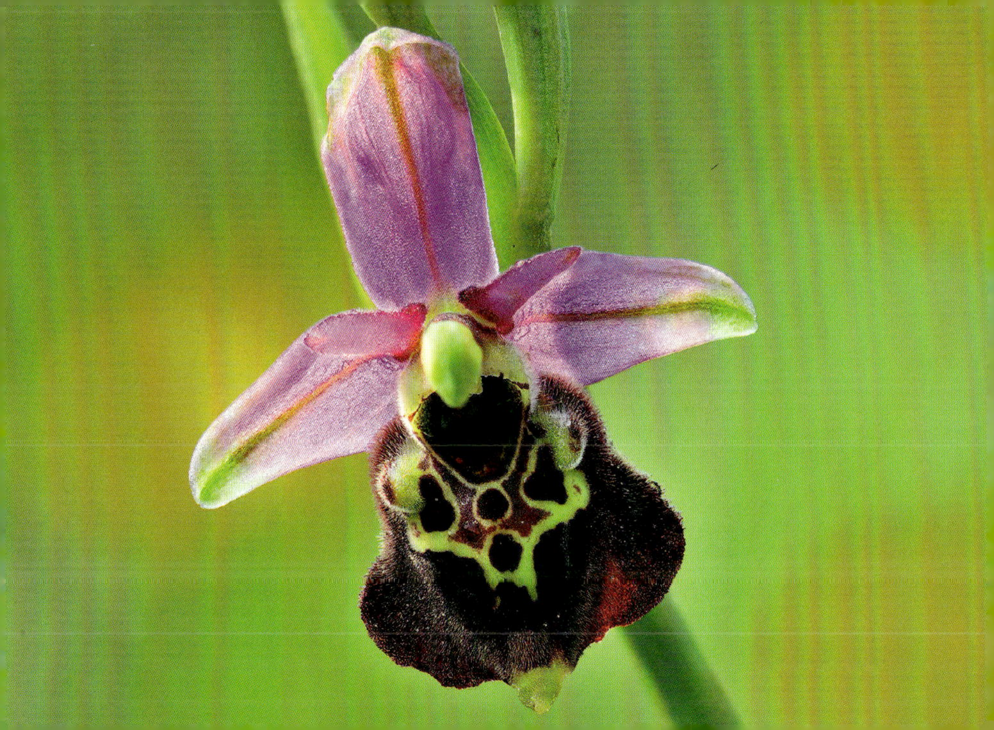

Sumpfgladiole

Checkliste

- Kamera
- Makro-Objektiv 105 mm
- Bodenstativ oder Bohnensack
- Fernauslösekabel
- Fokus-Stacking-Programm

Vorbereitung

Sie brauchen einen windstillen Tag mit klarem Licht am frühen Vormittag. Diese Blütenform von vorn bis hinten scharf zu bekommen wäre auch mit Tiefenschärfegewinn durch starkes Abblenden nicht realisierbar gewesen. Ein statisches Motiv ist eine gute Gelegenheit, sich an der Focus-Stacking-Technik zu versuchen.

Umsetzung

Beginnen Sie für diese Gegenlichtaufnahme damit, den vordersten Blütenteil zu fokussieren. Blenden Sie drei Blendenwerte ab. Im nächsten Schritte stellen Sie wenige Millimeter hinter dem vordersten Blütenteil scharf. Wiederholen Sie diese Schritte, bis Sie am hintersten Blütenteil angekommen sind, und verwenden Sie dabei immer die exakt gleiche Belichtung (also manueller Modus).

FOCUS STACKING

Focus Stacking ist ein Verfahren zur Erweiterung der Schärfentiefe. „Gestackt" oder „gestapelt" werden dabei Aufnahmen mit unterschiedlicher Schärfeebene. Spezielle Programme fügen die Einzelbilder zu einem in der Schärfentiefe erweiterten Bild zusammen.

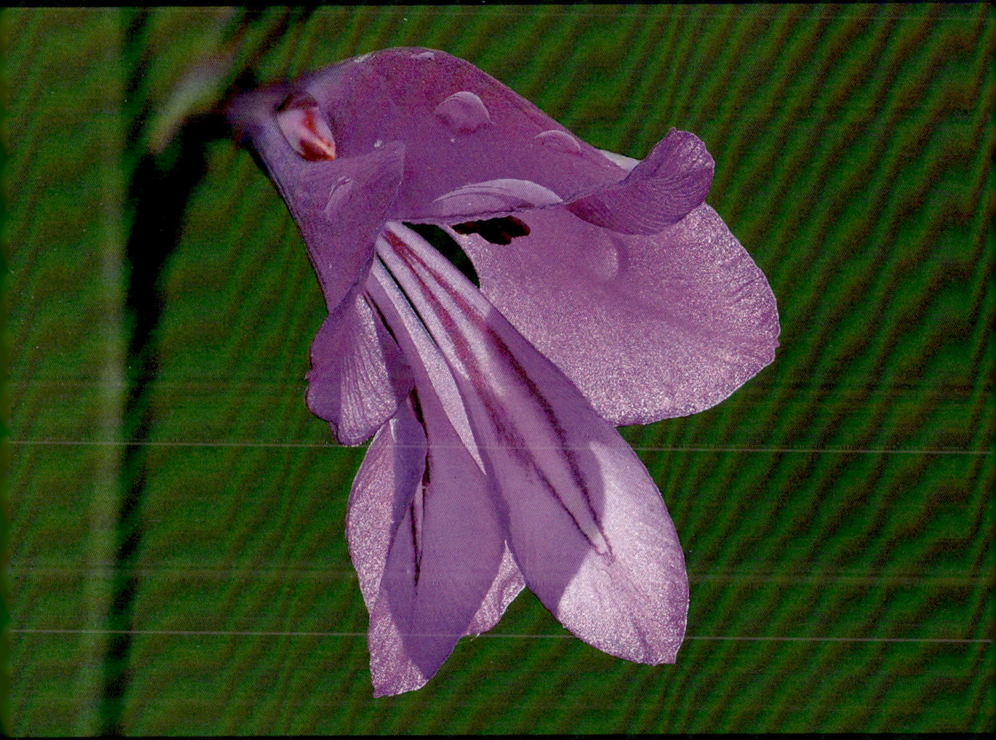

Nikon D700 | 105 mm | f/8 | 1/60 sec | ISO 200 | 22 Einzelbilder

Grüne Huschspinne

Checkliste

- Kamera
- Makro-Objektiv 105 mm
- Bodenstativ oder Bohnensack
- Fernauslösekabel
- Aufhellfolie oder LED-Leuchte

Vorbereitung

Arachnophobie ist eine weitverbreitete Reaktion auf den Anblick von Spinnen. Dabei haben wir in unseren Breiten durchaus attraktive Arten, die es zu fotografieren lohnt, ohne sich vor einem Spinnenbiss fürchten zu müssen: Die einzige Art bei uns, die giftig genug ist, um eine allergische Reaktion hervorzurufen, ist die Dornfingerspinne. Da sie in Gespinstkugeln lebt, die an Sträuchern und Pflanzen befestigt sind, werden Sie ihr nicht ohne Weiteres begegnen.

Umsetzung

Ein Tag mit strahlend blauem Himmel ergibt den Hintergrund. Damit er eine kräftig blaue Farbe bekommt, machen Sie eine Unterbelichtung, indem Sie eine halbe bis ganze Blende unterbelichten.

Gleichzeitig ist es notwendig, zusätzliches Licht auf die Spinne zu bekommen. Dies erreichen Sie entweder durch den Einsatz einer LED-Leuchte oder Aufhellfolie. Achten Sie bei der Bildgestaltung darauf, dass Ihr Motiv nicht in der Bildmitte sitzt. Da Sie gegen den Himmel im Mitlicht fotografieren, können Sie auf Blende 11 abblenden, ohne einen unruhigen Hintergrund zu bekommen.

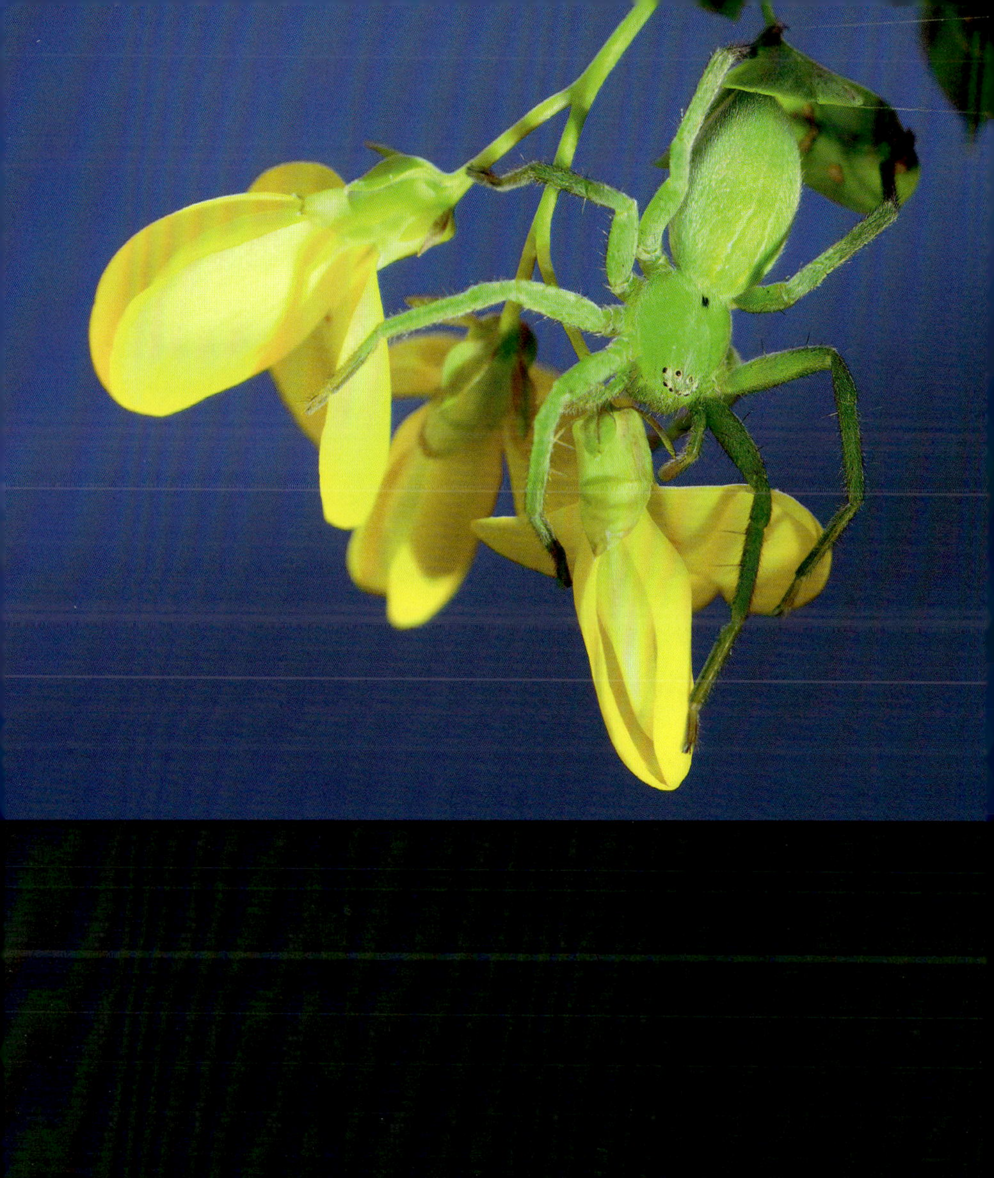

Nikon D700 | 105 mm | f/11 | 1/20 sec | ISO 400 | Spiegelvorauslösung

Rindenspringspinne

Checkliste

- Kamera
- Vergrößerungsobjektiv und Balgengerät mit Einstellschlitten
- Stativ und Fernauslösekabel
- LED-Leuchte
- Fokus-Stacking-Programm

Vorbereitung

Springspinnen sind weit verbreitet und mit vielen Arten bei uns vertreten. Mit 10 mm Körperlänge ist die Rindenspringspinne jedoch so klein, dass der Abbildungsmaßstab eines herkömmlichen Makro-Objektivs nicht mehr ausreicht. Verwenden Sie das Objektiv eines Schwarz-Weiß-Vergrößerungsgeräts samt Balgengerät, um Abbildungsverhältnisse größer als 5:1 zu erhalten.

Umsetzung

Springspinnen haben keinen allzu großen Aktionsradius. Wenn Sie ihr etwas Zeit lassen, wird sie Sie erstaunlich nah ranlassen. Blenden Sie mindestens auf Blende 16 ab. Balgengerät und Abbildungsleistung fordern jedoch hinsichtlich der Lichtausbeute ihren Tribut, Sie werden daher nicht ohne zusätzliche Lichtquelle auskommen.

TIPP

Makrofotografie in diesem Abbildungsbereich gehört sicherlich zum anspruchsvollsten, was fototechnisch machbar ist. Lassen Sie sich nicht entmutigen, wenn Sie einige Anläufe bis zur gültigen Aufnahme brauchen.

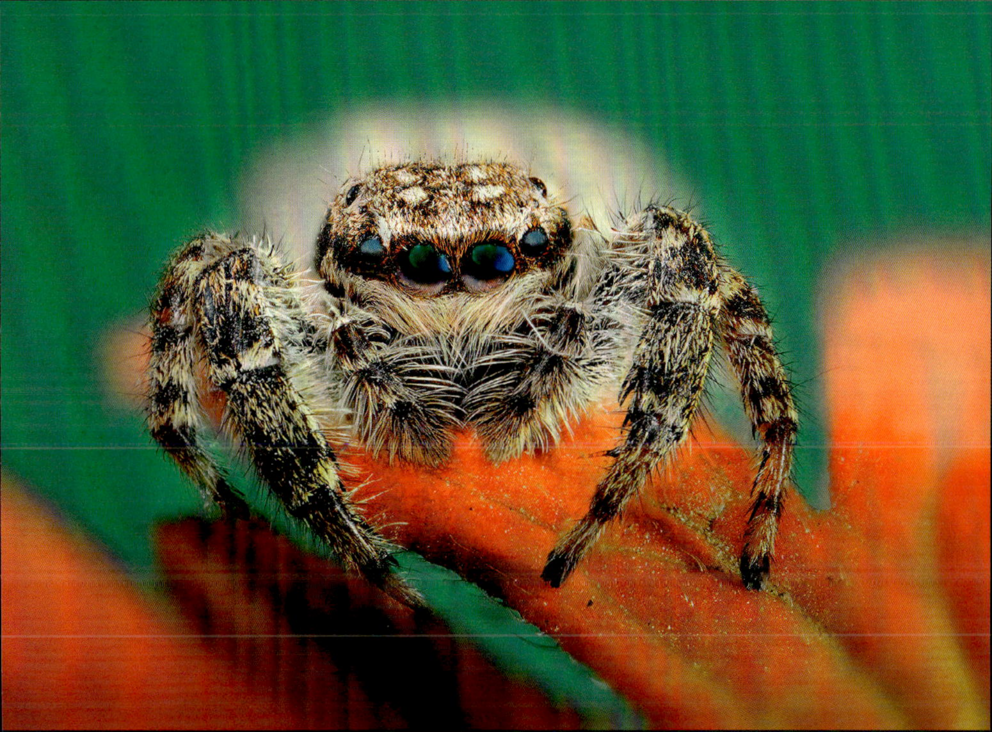

Nikon D700 | 50 mm in Retrostellung an Balgengerät | f/6.8 | 1/15 sec | Spiegelvorauslösung

Taulibelle

Checkliste

- Kamera
- Makro-Objektiv 105 mm
- Stativ
- Fernauslösekabel

Vorbereitung

Statten Sie einer Wiese, in der Sie Libellen beobachtet haben, am Vorabend einen Besuch ab. Merken Sie sich die Stelle, an der sich das Insekt seinen Ruheplatz für die Nacht gesucht hat – am nächsten Morgen werden Sie kaum Zeit zum Suchen haben. Nun brauchen Sie noch eine kühle Spätsommernacht, in der Tau entstehen kann, und einen klaren Morgen.

Umsetzung

Ihr Zeitfenster ist kurz: zehn Minuten vor Sonnenaufgang bis maximal fünf Minuten nach Sonnenaufgang. Die wärmende Sonne wird dem Insekt schnell Leben einhauchen. Daneben werden durch die Verdunstung der Tautropfen Vibrationen entstehen, die keine scharfen Aufnahmen mehr zulassen.

Stellen Sie Ihr Stativ schon ungefähr auf die Arbeitshöhe ein und nähern Sie sich vorsichtig der Libelle. Achten Sie sorgfältig auf eine parallele Schärfenebene. Blenden Sie maximal zwei Blendenwerte ab. Nutzen Sie die Spiegelvorauslösung und das Auslösekabel. Die Belichtungszeiten werden deutlich unter 1/60 sec liegen.

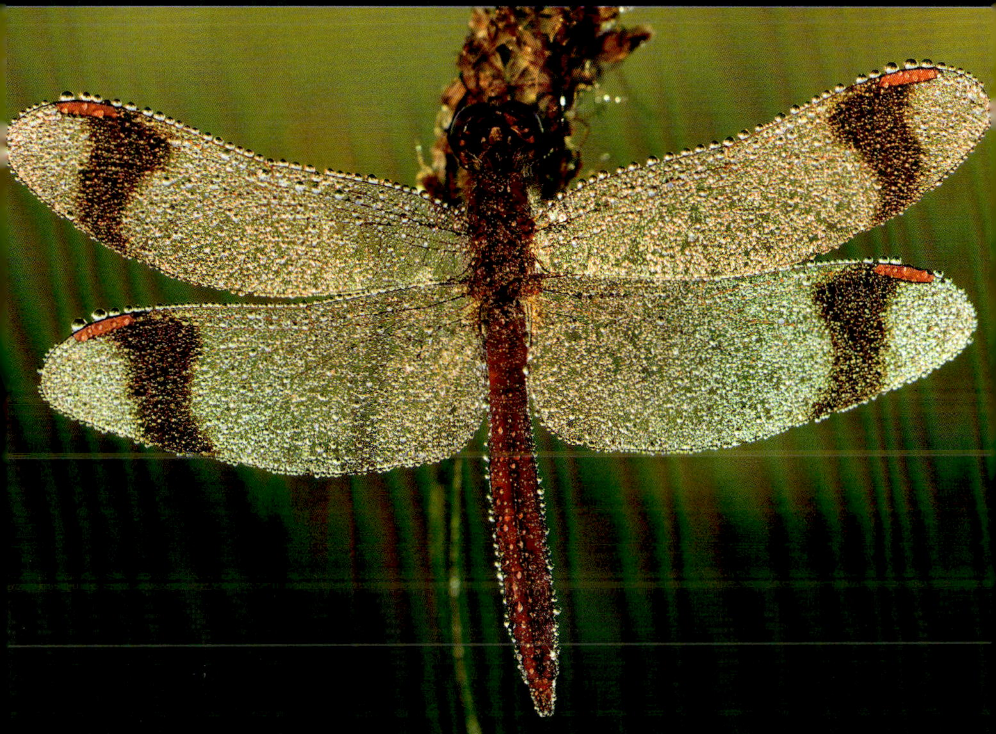

Nikon D810 | 105 mm | f/5.6 | 1/30 sec | ISO 64

Leuchtkörper

Checkliste

- Kamera
- Makro-Objektiv 105 mm
- Bodenstativ oder Bohnensack
- Fernauslösekabel

Vorbereitung

Pilze, die an modernden Ästen, Wurzeln oder Bäumen wachsen, sind besonders für diese Aufnahme geeignet. Ein solcher Pilzstandort erlaubt es Ihnen, einen Blick unter den Pilz zu bekommen. Um die Pilzkörper mit Licht zu durchdringen, bietet sich der Einsatz mehrerer LED-Leuchten an. Die Technik funktioniert mit starken Taschenlampen genau so gut. An einem dunklen Tag ist dieser Effekt am leichtesten zu realisieren.

Umsetzung

Fotografieren Sie die Pilzgruppe von unten nach oben. Achten Sie auf einen ruhigen Hintergrund. Die Leuchtquellen positionieren Sie über den Pilzen. Nur im Gegenlicht stellt sich dieser Durchleuchtungseffekt ein.

Fokussieren Sie auf die vorderen Motivelemente. Um die gewünschte Schärfentiefe zu bekommen, blenden Sie mindestens vier Blendenstufen ab. Mit Sicherheit müssen Sie die Belichtung korrigieren, überprüfen Sie daher im Histogramm Ihrer Kamera die Tonwertkurve.

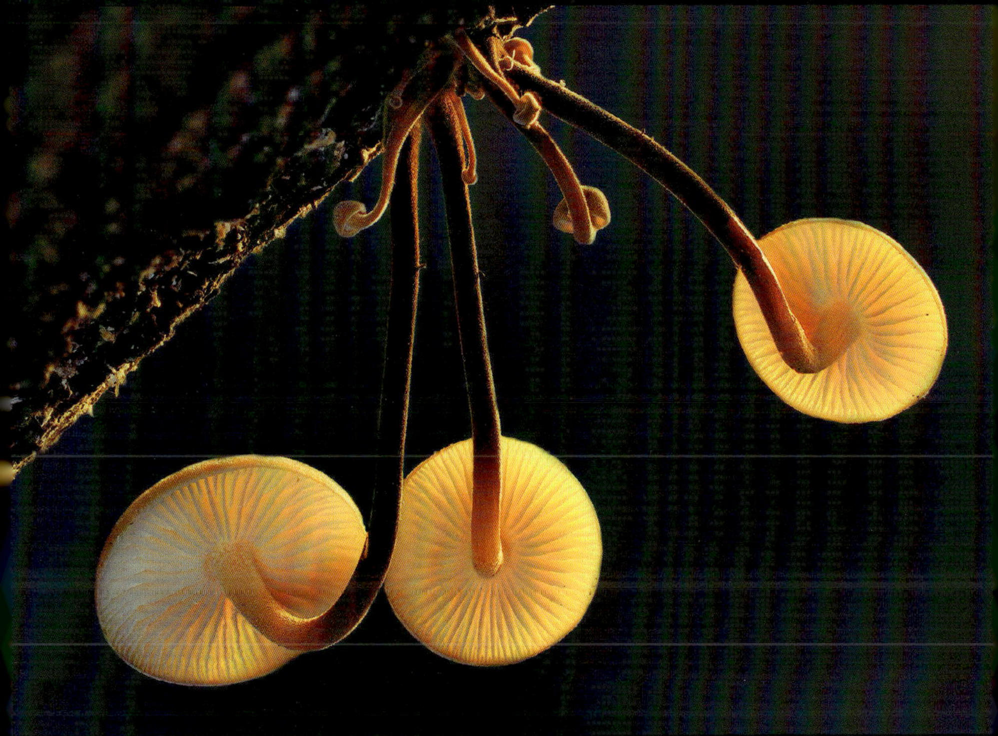

Nikon D300 | 105 mm | f/16 | 1/15 sec | ISO 200 | Spiegelvorauslösung

Grasfrösche

Checkliste

- Kamera
- Makro-Objektiv 200 mm
- Bohnensack
- Isomatte

Vorbereitung

Kaum sind die letzten Frostnächte vorbei, versammeln sich unsere Grasfrösche an ihrem Laichplatz. Mit ein wenig Geduld lassen sich die Amphibien unkompliziert aufnehmen. Geeignet dafür sind die Morgen- und Abendstunden. Suchen Sie sich einen Platz am Tümpel, der Ihnen einen möglichst flachen Aufnahmewinkel zulässt. Hier ist die Froschperspektive – auf Augenhöhe mit dem Model – gefordert.

Umsetzung

Legen Sie sich auf den Bauch und warten Sie, bis das abgetauchte Froschpaar wieder an der Wasseroberfläche erscheint. Kamera und Objektiv liegen auf dem Bohnensack auf. Geben Sie den beiden ein paar Minuten Zeit, sich an Ihren Anblick zu gewöhnen, und vermeiden Sie hektische Bewegungen. Dass von Ihnen keine Gefahr ausgeht, merken die beiden schnell.

Eine möglichst lange Brennweite ist hilfreich. Alternativ zum 200-mm-Makro leistet ein Teleobjektiv mit Zwischenringen für den Nahbereich hervorragende Ergebnisse.

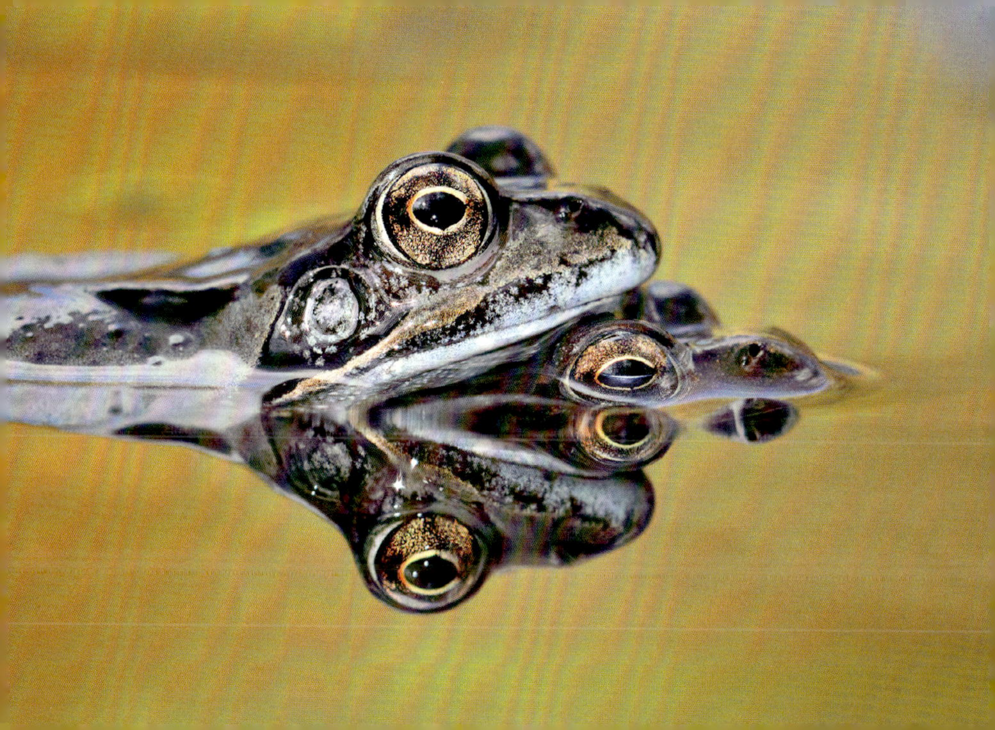

Wasserfroschpaar

Checkliste

- Kamera
- Makro-Objektiv 200 mm
- Bodenstativ oder Bohnensack
- Isomatte und Sonnenschutz

Vorbereitung

Sie sind nicht zu überhören: Wasserfrösche quaken nicht nur im Frühling. Ideal sind Teiche und Tümpel mit flachem, unbewachsenem Ufer. Dort können Sie sich's auf der Isomatte bequem machen und haben einen freien Blick. Rechnen Sie mit ein bis zwei Stunden Liegen – eine Kopfbedeckung ist da nicht verkehrt.

Umsetzung

Sie werden es schnell merken: Gequakt wird überall – nur nicht da, wo Sie mit Ihrem Objektiv hinkämen. Alternativ können Sie sich natürlich auch *in* den Tümpel setzen, die Frösche lassen sich jedoch auch mit Quaken aus der Konserve vor die Kamera locken.
Um die Schallblase möglichst scharf zu bekommen, sollten Sie eine Verschlusszeit von 1/500 sec oder kürzer wählen.

TIER- UND VOGELSTIMMEN

Im Handel gibt es eine große Auswahl von CDs und Apps, mit denen Sie Tier- oder Vogelstimmen imitieren können. Welche Sie auch nehmen: Setzen Sie sie nicht zu häufig ein, denn besonders Vögel könnten sich gestört fühlen und werden schlimmstenfalls sogar aus ihrem Revier vertrieben.

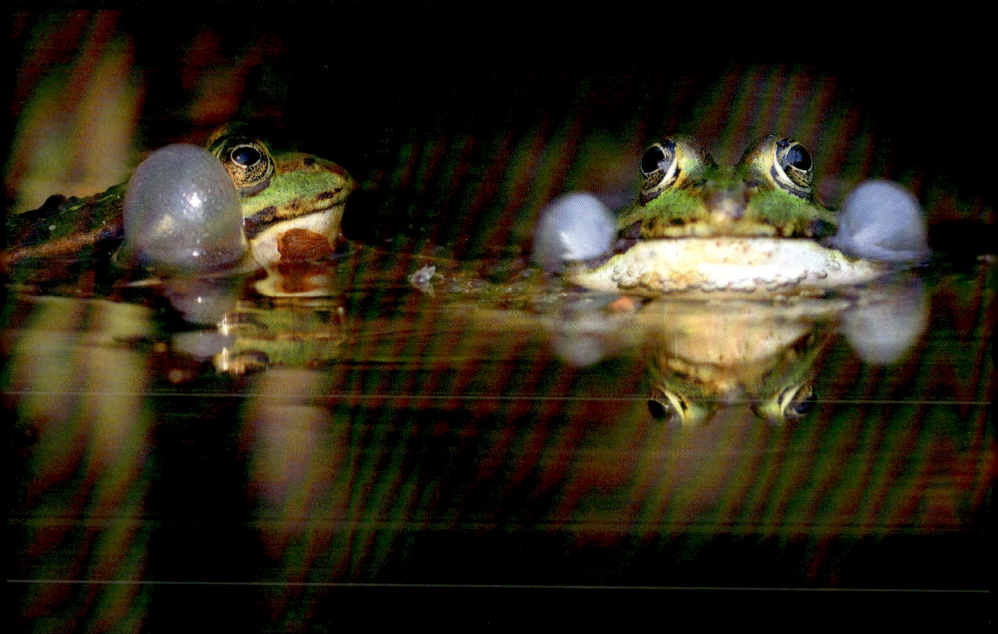

Nikon D700 | 200 mm | f/5.6 | 1/500 sec | ISO 400

Smaragdeidechse

Checkliste

- Kamera
- Makro-Objektiv 200 mm
- Bodenstativ oder Bohnensack
- Dreibeinhocker

Vorbereitung

Die Smaragdeidechse ist unsere seltenste und größte einheimische Eidechse. Die Männchen haben besonders im Frühjahr eine leuchtend blau gefärbte Kehle. Wenn Sie ein Vorkommen kennen, lohnt sich wie bei allen Reptilien ein Besuch am Morgen oder Abend. Dann finden sich oftmals mehrere Exemplare an den wenigen geeigneten Sonnenplätzen.

Umsetzung

Nehmen Sie sich Zeit! Die Eidechse gewöhnt sich tatsächlich an Ihre Anwesenheit. Einfach nur mal ein paar Minuten dasitzen, ohne sich zu bewegen. Dann ausloten, wie nahe Sie das Reptil heranlässt. Sollte die Eidechse flüchten – nach wenigen Minuten liegt sie wieder an derselben Stelle.

Ein tiefer Kamerastandpunkt fördert wie immer einen gleichmäßigen Hintergrund und schafft emotionale Nähe zum Model. Eidechsen gähnen von Zeit zu Zeit. Das sieht imposant aus.

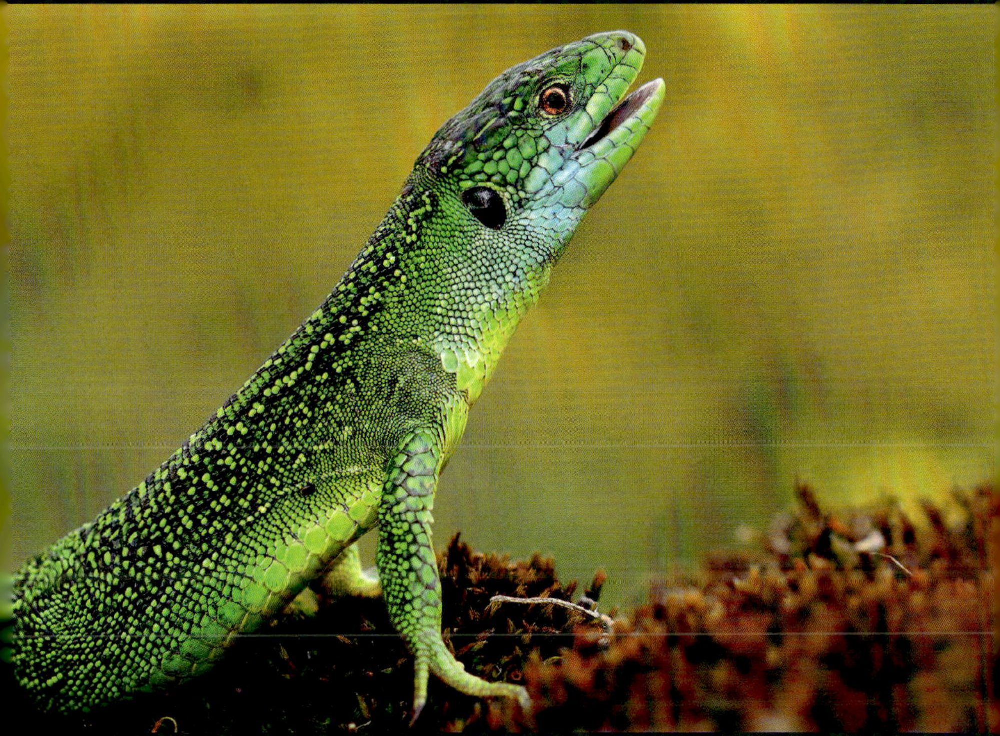

Nikon D300 | 200 mm | f/5.6 | 1/250 sec | ISO 200

Zauneidechsenpaar

Checkliste

- Kamera
- Makro-Objektiv 105 mm
- Bodenstativ oder Bohnensack
- Fernauslösekabel

Vorbereitung

Während der Paarungszeit im April halten sich neben Jungtieren auch ausgefärbte Männchen und Weibchen an ihrem Lieblingsplatz auf. Später im Jahr wird die hohe Vegetation Ihnen den Blick verstellen.

Um beide Geschlechter aufs Bild zu bekommen, brauchen Sie einfach auch viel Glück. Ein Besuch am späten Abend mit den letzten Sonnenstrahlen schafft eine warme Bildatmosphäre.

Umsetzung

Eine Stunde vorher am Platz zu sitzen fördert die gegenseitliche Akzeptanz. Um eine zarte und lichte Atmosphäre zu schaffen, versuchen Sie es mal mit vollständig geöffneter Blende von 2.8 und fotografieren Sie zusätzlich durch die Botanik im Vordergrund. Je mehr das Licht schwindet, umso länger wird Ihre Verschlusszeit werden. Mit Spiegelvorauslösung und Fernauslösekabel vermeiden Sie Spiegelschlag und Erschütterungen.

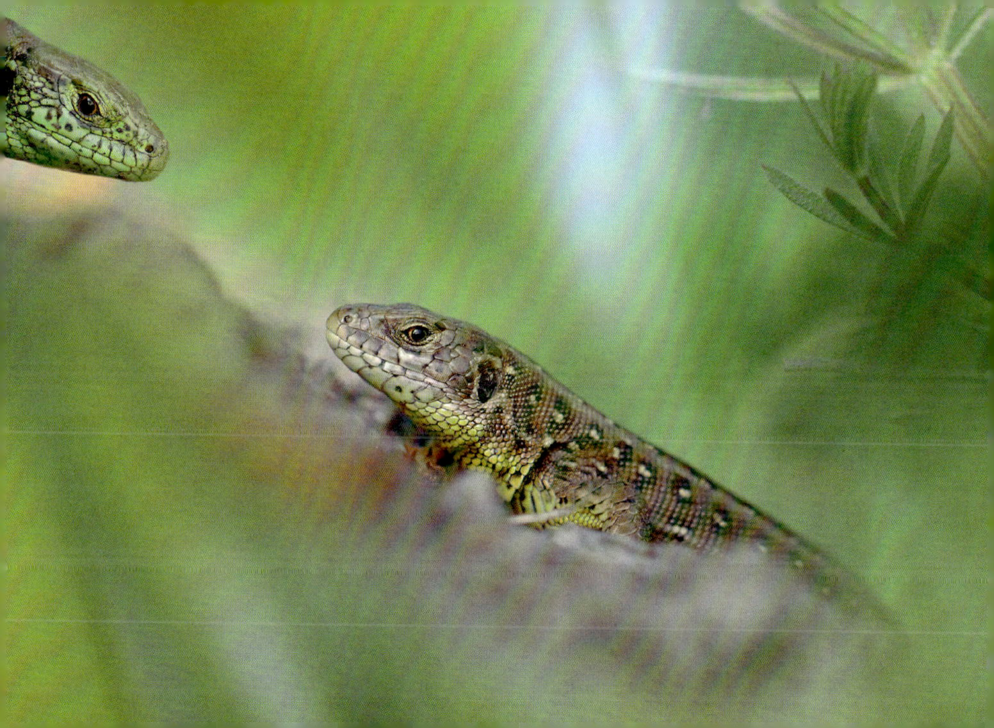

Ringelnatter

Checkliste

- Kamera
- Makro-Objektiv 105 mm
- Glück

Vorbereitung

Ringelnattern gehören zu den ungiftigen und harmlosen Schlangen. Sie erkennen alle Nattern an den großen Kopfschildern und den runden Pupillen. Unsere beiden Vipern Kreuzotter und Aspisviper haben kleine Kopfschilder und geschlitzte Pupillen.

Anfassen und Fangen kann trotzdem unangenehm werden: Zu ihrem Schutz entleert die Ringelnatter eine Drüse mit wirklich unangenehmem und lang haftendem Geruch.

Umsetzung

Das Reptil war eine Zufallsaufnahme: In einem Hochmoor lag sie auf dem Wanderweg. Da sie ungiftig ist, war ein 105-mm-Makro die richtige Wahl. Das Züngeln ist keine aggressive Handlung, die Schlange riecht mit der Zunge, oftmals kurz bevor sie Reißaus nimmt.

Wenn Sie kein Stativ dabeihaben, können Sie sich auch auf den Boden legen und mit der Hand abstützen. Für den ruhigen Hintergrund blenden Sie nur um eine Blende von 2.8 auf 4 ab. Je kürzer die Verschlusszeit (nicht länger als 1/125 sec), umso schärfer die Zunge.

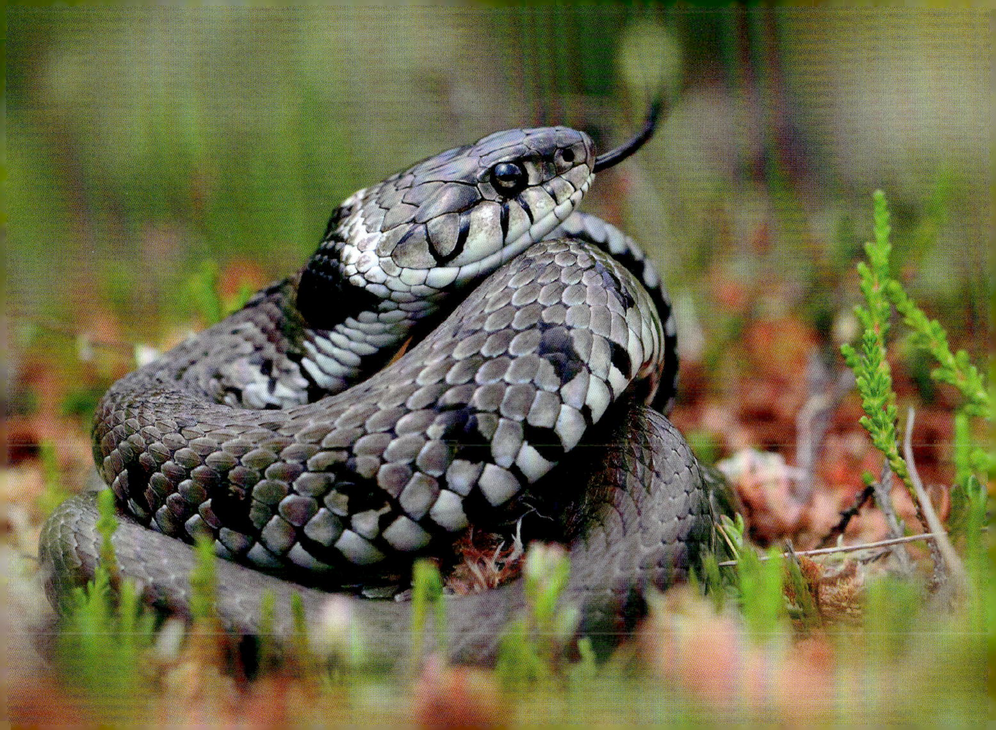

Aspisviper

Checkliste

- Kamera
- Makro-Objektiv 200 mm
- Bodenstativ oder Bohnensack

Vorbereitung

Informieren Sie sich im Vorfeld über Lebensweise und Vorkommen des Reptils. Jede Schlange hat ihren Lieblingsplatz, an dem sie sich morgens und abends sonnt. Diesen gilt es zu finden.

Umsetzung

Einen respektvollen Aufnahmeabstand erhalten Sie durch die Verwendung einer längeren Brennweite. Sollten Sie kein Makro-Objektiv mit 200 mm Brennweite besitzen, können Sie alternativ auch ein Teleobjektiv mit Zwischenringen für den Nahbereich benutzen. Gehen Sie zu Ihrem Motiv auf Augenhöhe. Mit einem Bohnensack zum Auflegen der Optik sind Sie flexibel. Zeitautomatik bei offener Blende von 4 ist die richtige Wahl.

VORSICHT BEI GIFTSCHLANGEN!

Suchen und fotografieren Sie Giftschlangen bitte nicht alleine. Nehmen Sie eine Begleitung mit, die Sie im Ernstfall ins Krankenhaus bringen kann. Das hört sich dramatischer an, als es ist, aber sicher ist sicher. Grundsätzlich haben Schlangen überhaupt kein Aggressionspotenzial und flüchten lieber. Die Gefahr besteht eher darin, versehentlich auf eine Schlange zu treten oder bei der Suche in der Vegetation in die Hand gebissen zu werden.

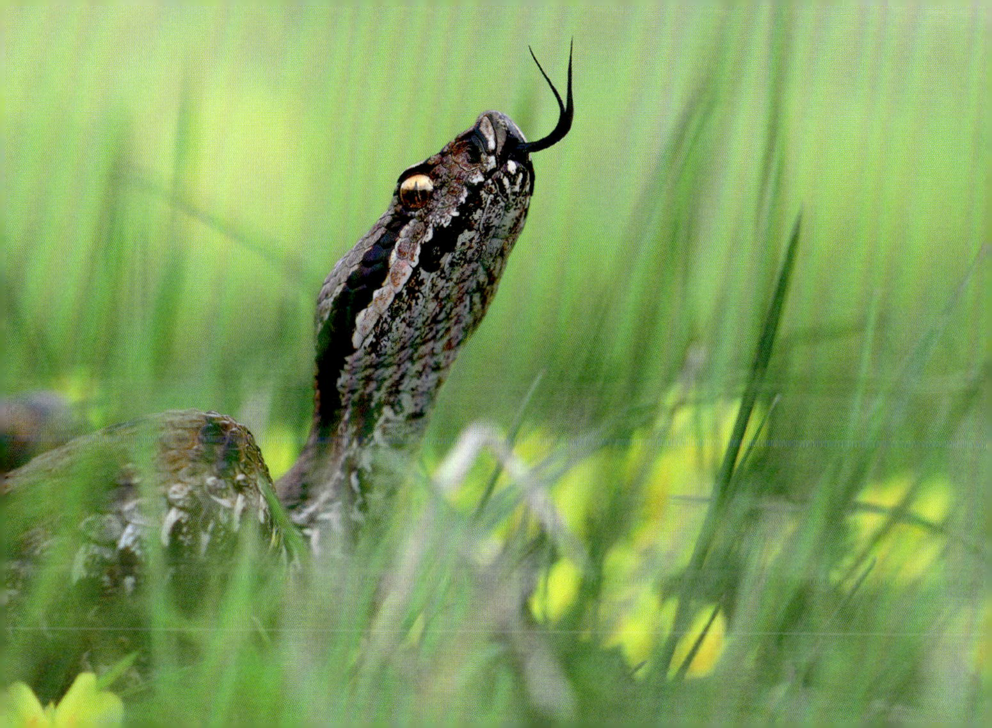

Kreuzotter

Checkliste

- Kamera
- Makro-Objektiv 200 mm
- Bodenstativ oder Bohnensack

Vorbereitung

Wie die Aspisviper ist auch die Kreuzotter eine Giftschlange. Nur ganz Mutige und Erfahrene sollten daher mit einem 105-mm-Makro fotografieren. Die größten Chancen, eine Kreuzotter aufzunehmen, haben Sie im zeitigen Frühjahr und im Herbst. Dann versammeln sich oftmals mehrere Exemplare an ihrem Überwinterungsplatz.

Umsetzung

Wenn Sie wissen, wo die Schlange gern ihr Sonnenbad nimmt, lohnen sich mehrere Besuche. Sie lernen so, wie nahe das Reptil Sie heranlässt, ohne sich bedroht zu fühlen. Ideal ist es, vor der Schlange da zu sein. Gern wärmt sie sich in den ersten Morgenstunden auf, ist bei ruhigen und langsamen Bewegungen des Fotografen recht unproblematisch und lässt sich, wenn sie einmal liegt, kaum stören.

Mit Zeitautomatik und leicht abgeblendet auf Blende 5.6 wird die Schlange scharf und der Hintergrund bleibt noch ruhig.

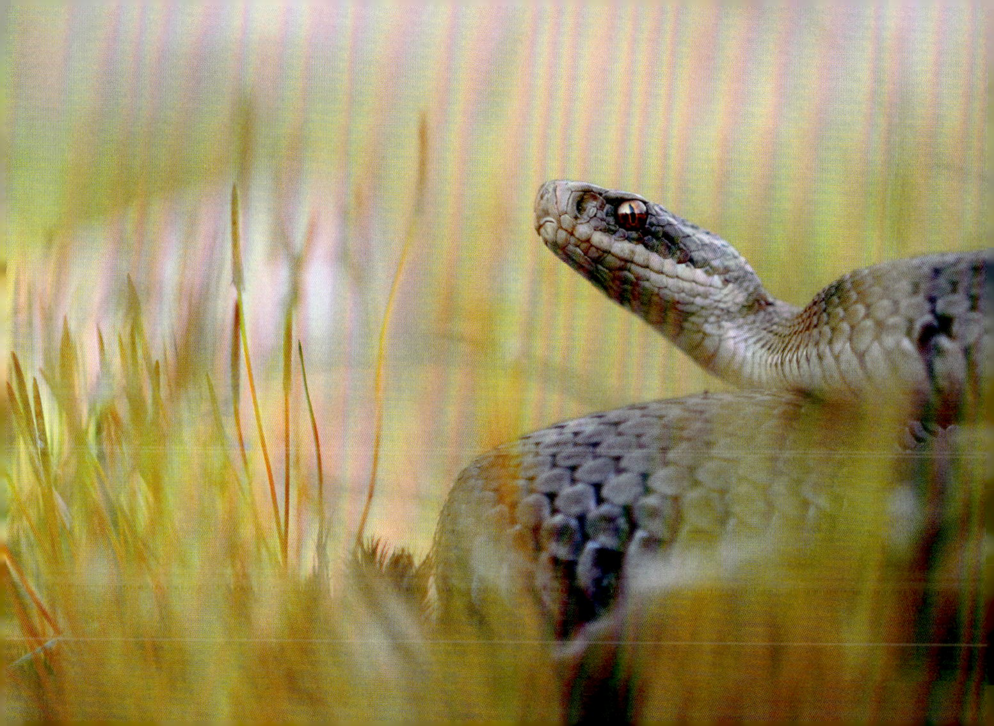

Waldeidechse

Checkliste

- Kamera
- Makro-Objektiv 200 mm
- Bodenstativ oder Bohnensack

Vorbereitung

Waldeidechsen leben viel versteckter als ihre Verwandten. Unscheinbar und gut getarnt bekommt man sie gar nicht so häufig zu Gesicht. Ideal wie bei allen Reptilien sind hier die Morgen- und Abendstunden. Unsere Waldeidechse ist gar nicht so wärmeliebend, daher ist sie auch an bedeckten Tagen aktiv.

Umsetzung

Suchen Sie auf einer Waldlichtung nach erhöhten Plätzen. Das kann ein Baumstumpf oder ein Steinhaufen sein. Um die versteckte Lebensweise der Eidechse vermitteln zu können, lohnt es sich, von einer möglichst tiefen Kameraposition aus durch die Vegetation zur Eidechse nach oben zu fotografieren.

Mit Zeitautomatik und offener Blende von 2.8 oder 4 erzielen Sie eine attraktive Bildwirkung.

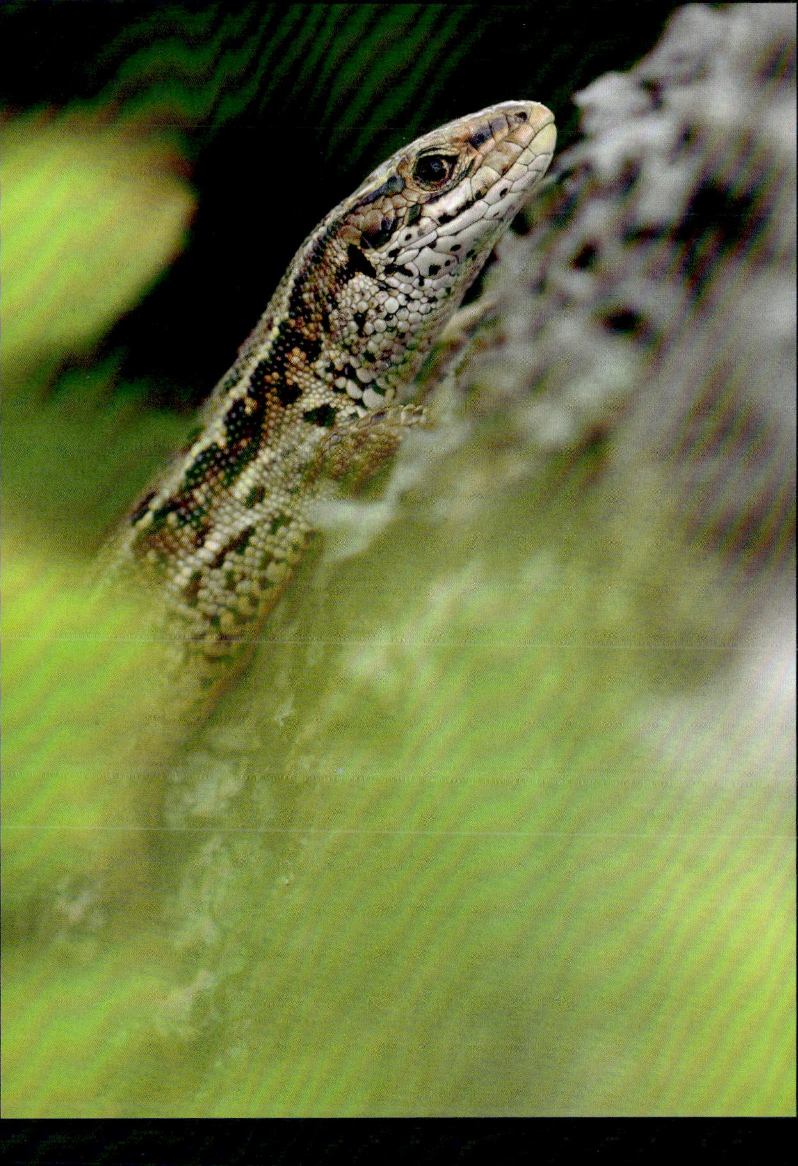

Nikon D300 | 200 mm | f/4 | 1/125 sec | ISO 200

Scheckenfalter

Checkliste

- Kamera
- Makro-Objektiv 105 mm
- Bodenstativ oder Bohnensack
- Fernauslösekabel

Vorbereitung

Ein kühler windstiller Tag. Insekten sitzen nun in Ruhestellung an Pflanzen und lassen sich entspannt aufnehmen. Suchen Sie ein Insekt mit einer attraktiven Sitzwarte und versuchen Sie einmal, nicht das Insekt, sondern dessen Umfeld mit einzubeziehen.

Umsetzung

Bringen Sie so viel wie möglich von der Sitzwarte des Insekts auf das Bild. Wählen Sie dafür einen etwas größeren Aufnahmeabstand. Achten Sie bei der Bildgestaltung darauf, das Hauptmotiv nicht mittig aufzunehmen. Versuchen Sie einmal eine extreme Positionierung am Bildrand.

Um nicht vom Motiv abzulenken und einen ruhigen Hintergrund zu erzeugen, arbeiten Sie mit offener Blende von 2.8. Dazu müssen Sie präzise parallel zum Falter fotografieren.

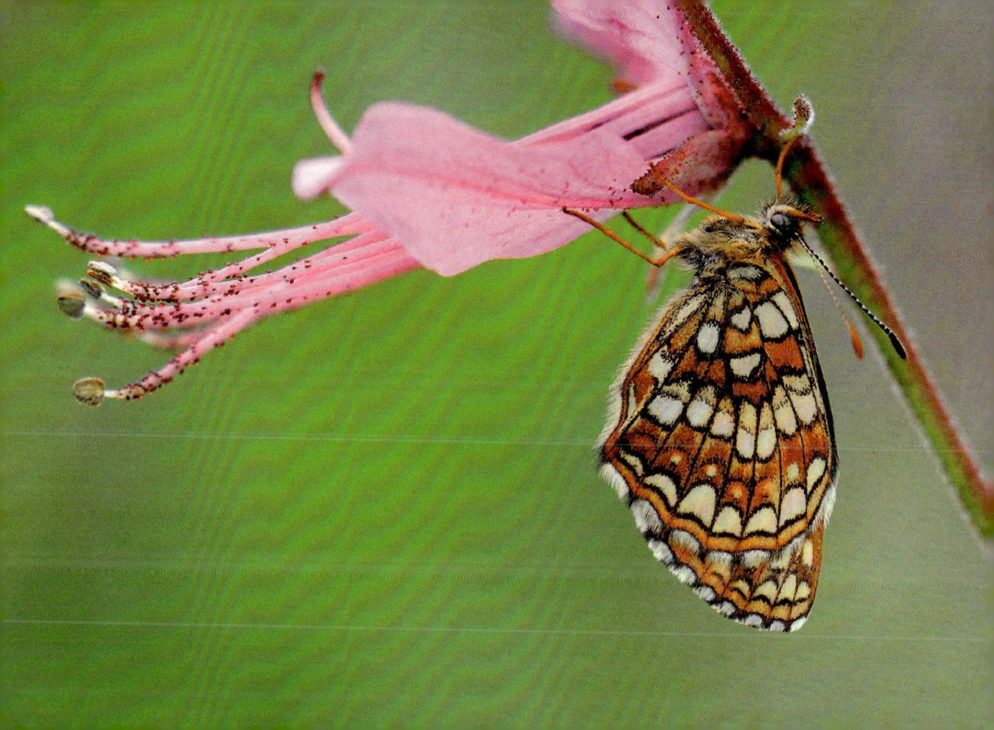

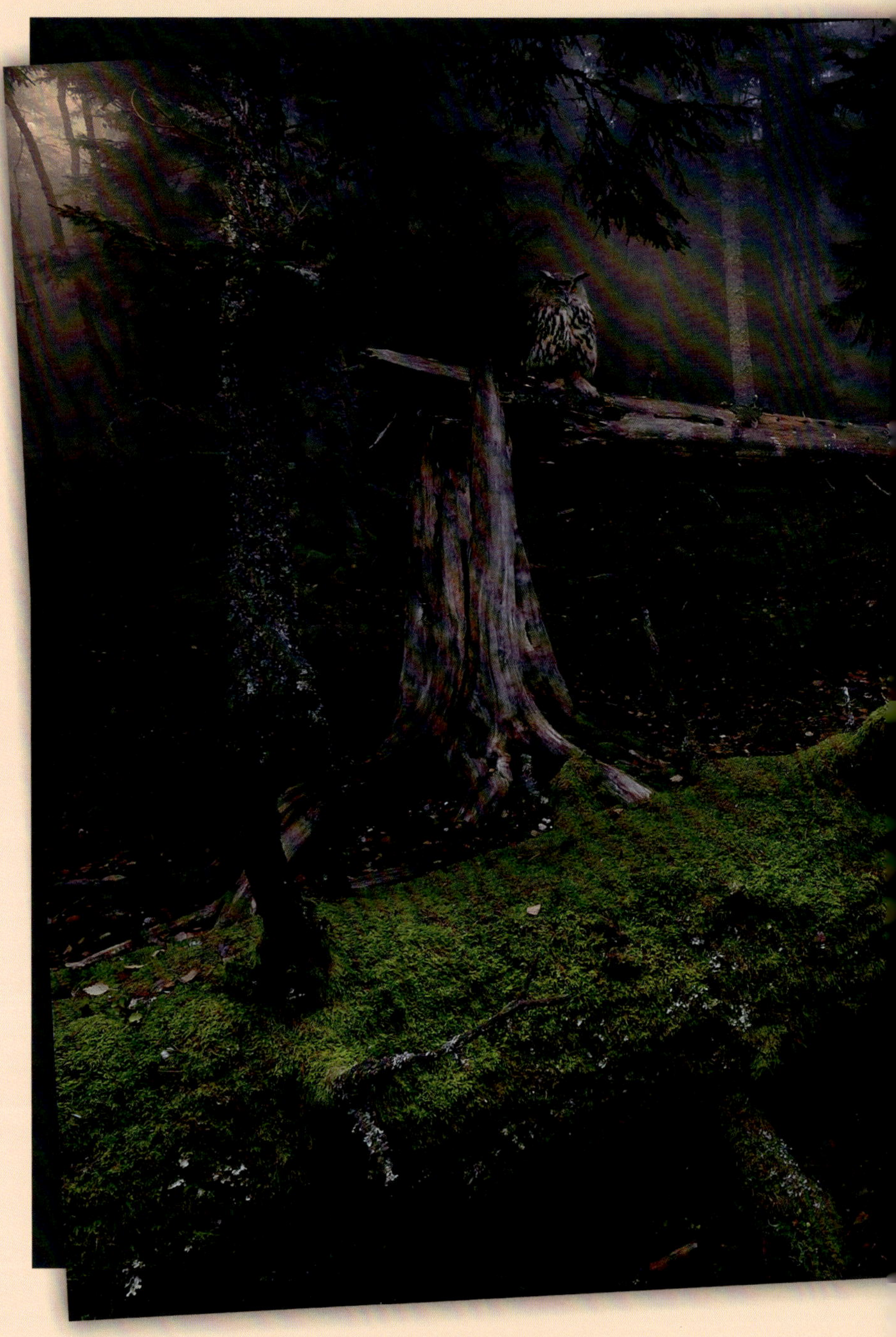

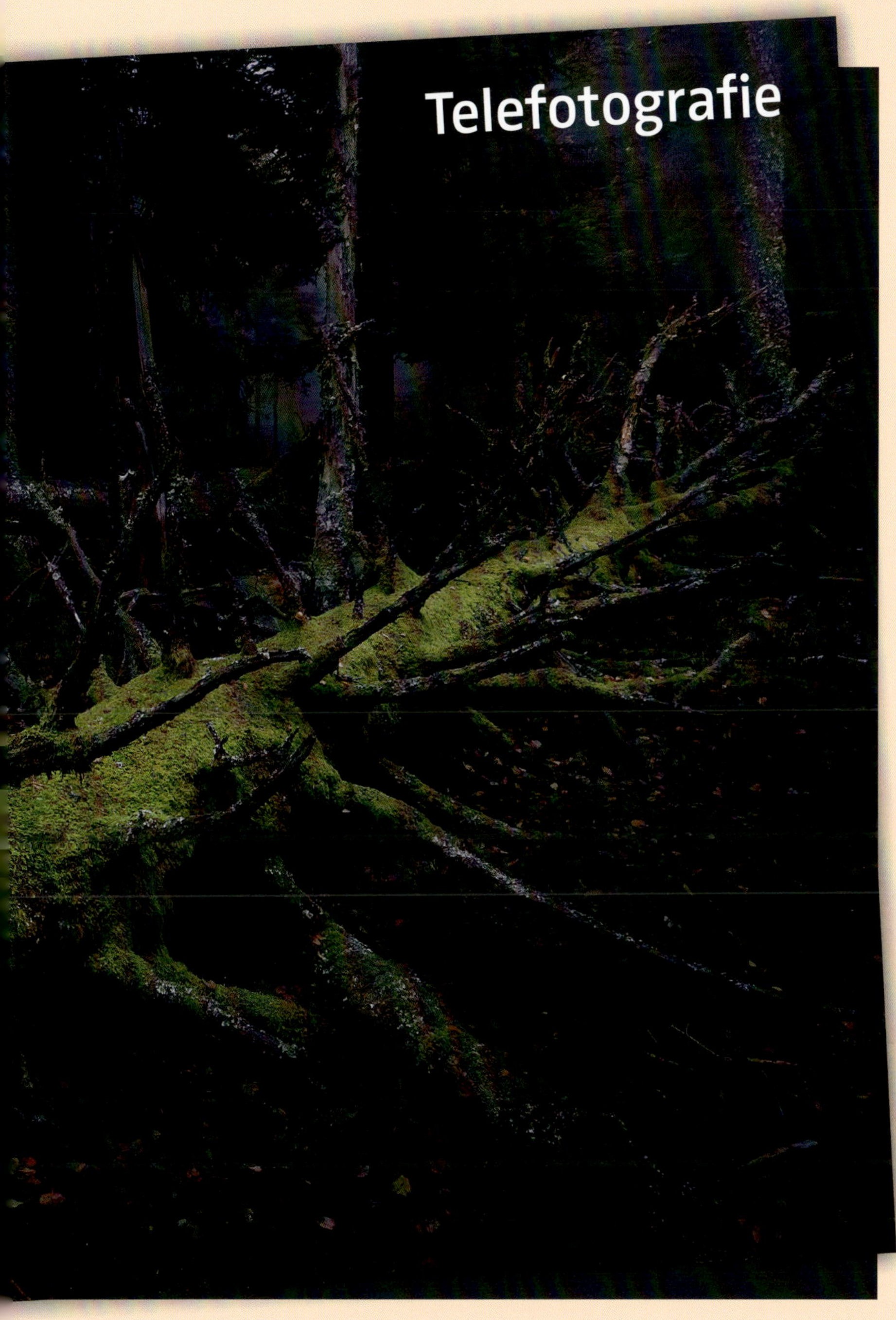

Telefotografie

Alpenmurmeltier

Checkliste

- Kamera
- Teleobjektiv 300 mm
- Stativ

Vorbereitung

Rund um Skilifte und an stark frequentierten Wanderwegen sind Wildtiere oftmals an den Menschen gewöhnt. Treten keine Konflikte oder bedrohliche Situationen auf, legen die Tiere ihre Scheu vor den Besuchern ab. Eine wunderbare Möglichkeit, sich entspannt und ohne Tarnung einem Wildtier auf Fotodistanz zu nähern.

Umsetzung

Überlegen Sie sich vorab, von welcher Seite Sie sich nähern wollen. Mitentscheidend dafür sind Hintergrund und Lichteinfall. Bei tief stehender Sonne bietet sich wie immer das Gegenlicht an.

Die Fluchtdistanz kann bei jedem Individuum unterschiedlich sein. Am besten nähern Sie sich vorsichtig und legen mehrminütige Zwischenstopps ein. So lernt man sich kennen und schöpft Vertrauen. Wenn Sie sich Zeit lassen, werden Sie mit einer Aufnahme belohnt, in der Ihr Model natürliche Verhaltensweisen zeigt.

Bei Zeitautomatik mit Blende 5.6 und eingeschalteter Serienbildfunktion entgeht Ihnen keine Situation.

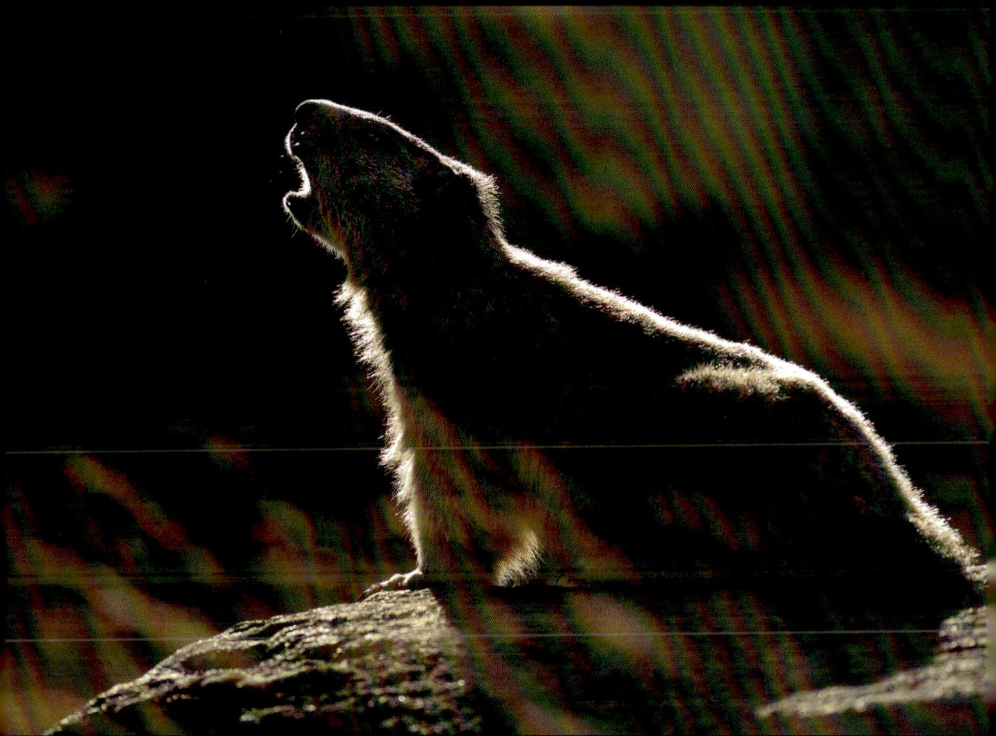

Nikon D810 | 300 mm | f/5.6 | 1/320 sec | ISO 200

Schmetterlingswiese

Checkliste

- Kamera
- Teleobjektiv 300 mm
- Stativ oder Bohnensack

Vorbereitung

Die verdichtende Bildwirkung und die geringe Schärfentiefe eines Teleobjektivs sind hervorragend dazu geeignet, Ordnung und Struktur ins Wiesenchaos zu bringen. Je länger die Brennweite, umso intensiver der Effekt von Unschärfe-Schärfe-Unschärfe.

Umsetzung

Gehen Sie an einem kühlen bedeckten Tag auf die Suche. Idealerweise finden Sie Motive, die sich auf einem leicht erhöhten Standort niedergelassen haben. Wählen Sie als Kamerastandort möglichst Bodennähe. Für diese Aufnahmesituation sind Gräser im Vordergrund, die normalerweise stören würden, Teil der Bildgestaltung: Bei offener Blende lösen sie sich zu Flächen auf.

Achten Sie darauf, dass lediglich Ihr Motiv freisteht. Warten Sie einen windstillen Moment ab. Zeitautomatik mit Blende 4 ist die richtige Wahl.

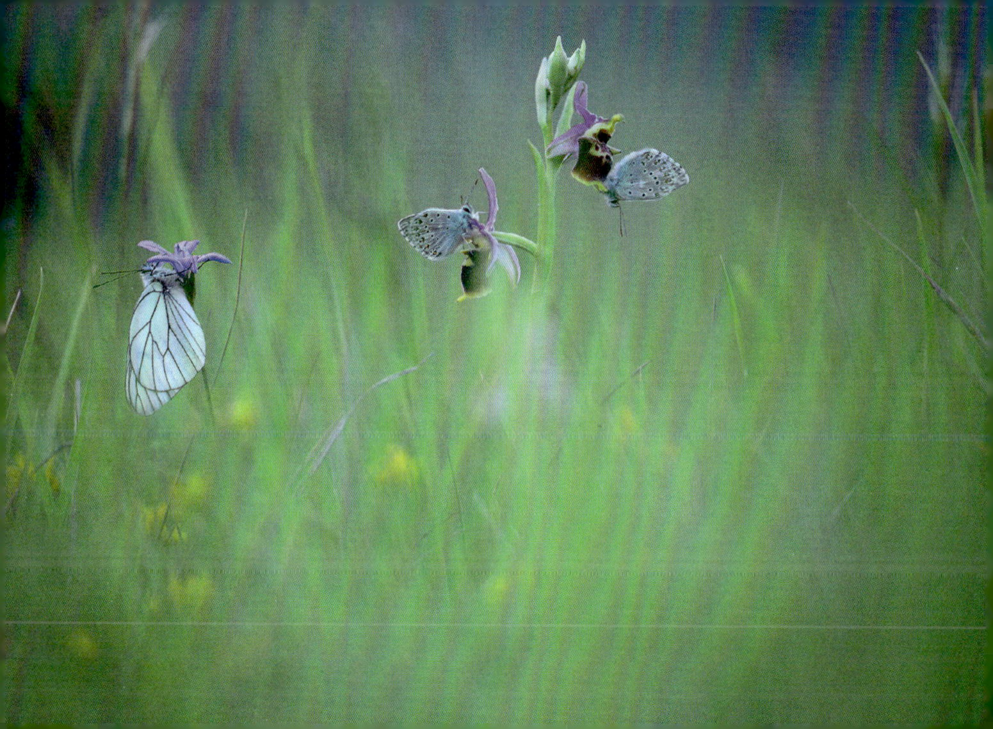

Schmetterlingshafte

Checkliste

- Kamera
- Teleobjektiv 300 mm
- Zwischenring
- Stativ oder Bohnensack

Vorbereitung

Diese mit Ameisenjungfern verwandten Insekten sind gute Flieger. Sie finden sie von Mai bis Juni auf warmen Trockenrasen. Tagsüber sind die kleinen Jäger rastlos auf Beutezug. Statten Sie ihnen daher am späten Abend einen Besuch ab. Dann sucht sich das interessante Insekt einen Ruheplatz.

Um ein Insekt in der Größe einer Schmetterlingshaften abbilden zu können, müssen Sie die Naheinstellgrenze Ihres Teleobjektivs unterschreiten. Das gelingt Ihnen durch die Verwendung eines Zwischenrings für den Nahbereich.

Umsetzung

Beobachten Sie das fliegende Insekt und warten Sie, bis es sich auf seinem Ruheplatz niederlässt. Wenn die Schmetterlingshafte bei Ihrer Annäherung abhebt, macht das zunächst nichts: In aller Regel wird sie den Standort nach wenigen Sekunden wieder aufsuchen.

Nutzen Sie die Zeit, um die Ausrüstung in Position zu bringen. Wählen Sie wie im vorangegangenen Workshop eine tiefe Kameraposition und fotografieren Sie durch die Botanik hindurch. So gelingt Ihnen eine etwas andere Aufnahme dieser Insektenart.

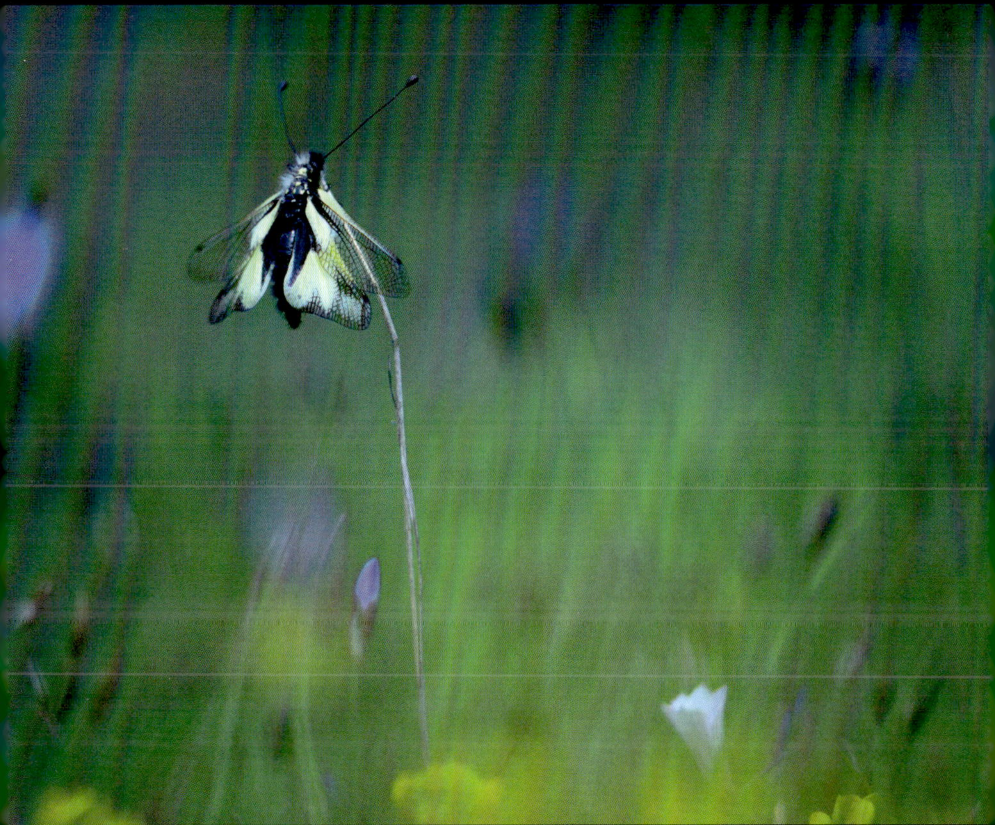

Nikon D810 | 300 mm | f/4 | 1/250 sec | ISO 200

Pferde

Checkliste

- Kamera
- Teleobjektiv 300 mm
- Stativ

Vorbereitung

Es muss ja nicht immer Wildlife sein, auch Pferde auf einer weitläufigen Koppel können ein schönes Motiv ergeben. Beim Kaschieren von störenden Zäunen oder Gattern im Hintergrund ist ein Gelände mit Busch oder Baumstruktur hilfreich. Früher Vormittag und später Abend schaffen wie immer die schönsten Lichtstimmungen.

Umsetzung

Gehen Sie ins Gegenlicht und suchen Sie einen möglichst flachen Aufnahmewinkel. Um die Aktion der Tiere einzufangen, stellen Sie den Autofokus Ihrer Kamera auf dynamisches Nachziehen: Je nach Kameramodell ist dies die Funktion AF-C oder AI Servo AF. Wählen Sie, um eine kurze Verschlusszeit zu bekommen, die offene Blende 4 im Zeitautomatikmodus.

AUTOFOKUS-MODI

Die meisten Kameras verfügen über drei Autofokusmodi: AF-S bzw. One Shot AF eignet sich für die Scharfstellung von unbewegten Einzelmotiven, AF-C bzw. AI Servo AF für bewegte Motive, bei denen Sie die Kamera mitbewegen. Im Modus AF-A bzw. AI Focus AF entscheidet die Kamera selbst, ob das Objekt unbewegt oder bewegt ist und misst entsprechend per AF-S oder AF-C.

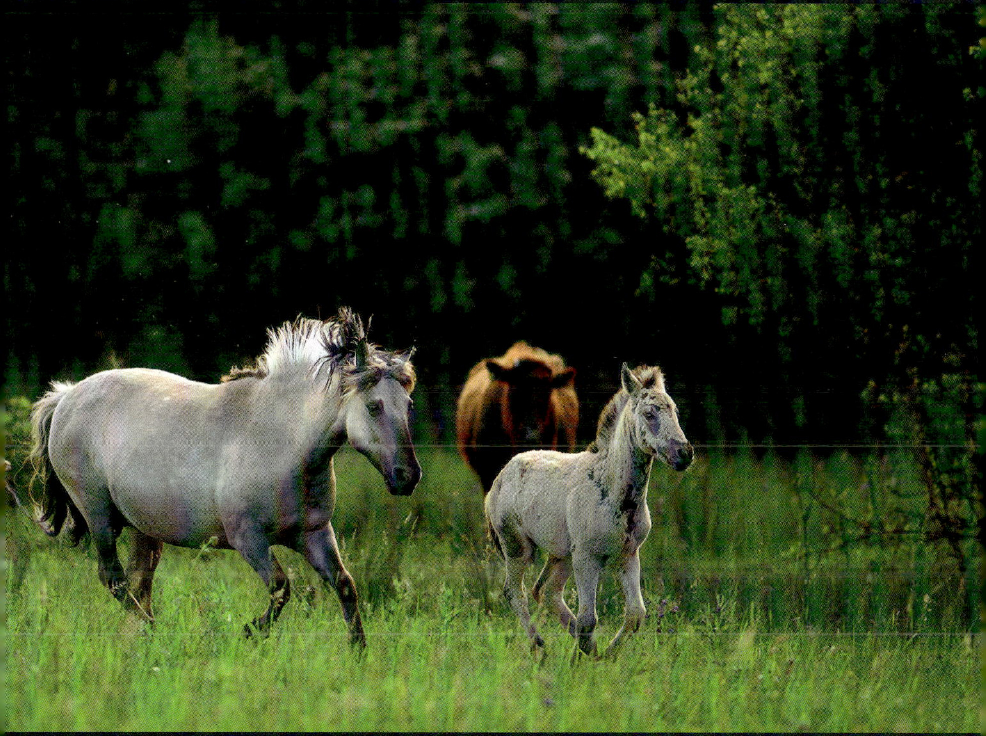

Nikon D810 | 300 mm | f/4 | 1/800 sec | ISO 400

An der Tränke

Checkliste

- Kamera
- Teleobjektiv 300–600 mm
- Stativ
- Tarnzelt
- Fernglas

Vorbereitung

An trockenen Standorten ist Wasser Mangelware. Das kann z. B. eine alte Sand- oder Kiesgrube sein. An Kleinstgewässern treffen Sie bei hohen Temperaturen dann häufig auf badende Vögel oder trinkende Säuger – stundenlanges Warten im Tarnzelt vorausgesetzt.

Um die Chancen besser einschätzen zu können, macht es Sinn, zunächst aus sicherer Entfernung mit dem Fernglas einen Beobachtungsposten zu beziehen. Meist sind nur wenige flache Uferbereiche als Tränke geeignet. Diese gilt es zu finden.

Umsetzung

Wählen Sie einen möglichst flachen Kamerastandpunkt knapp über der Wasseroberfläche. Ob nun Vogel oder Säugetier, achten Sie darauf, das Spiegelbild mit auf den Chip zu bekommen.

Da Tiere an der Tränke besonders angreifbar und so äußerst wachsam sind, müssen Sie sehr bedächtig und leise vorgehen. Versuchen Sie das Auslösegeräusch Ihrer Kamera mit einem Tuch zu mindern. Bis Sie die Reaktion der Tiere einschätzen können, verzichten Sie lieber auf schnelle Bildserien. Zeitautomatik bei offener Blende 4.

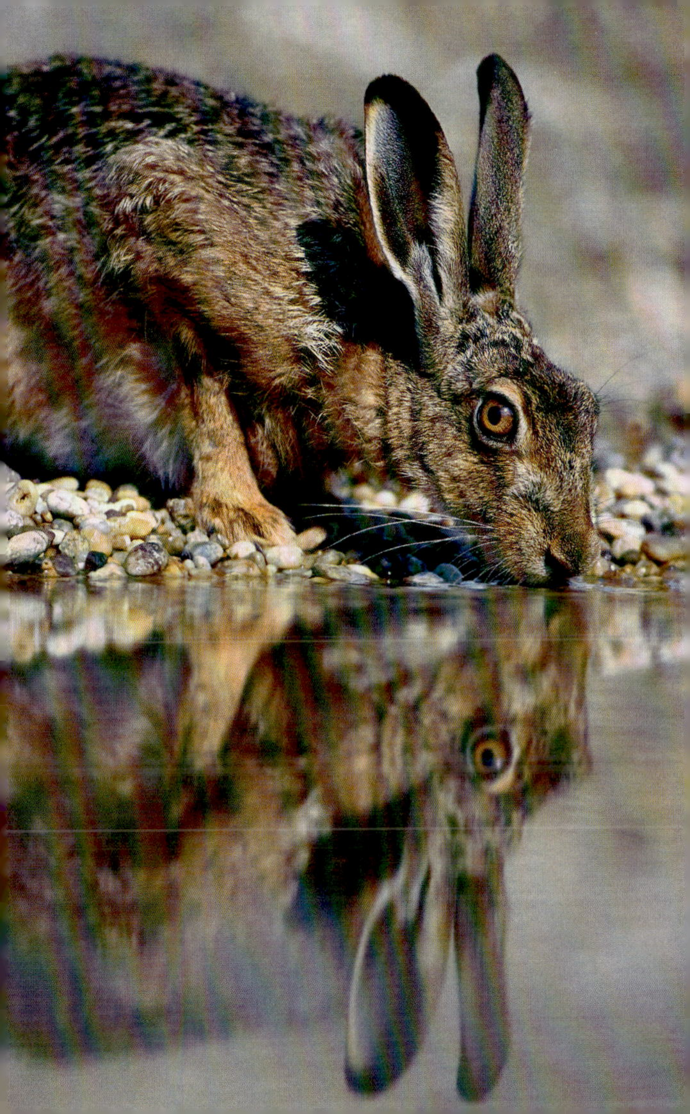

Sanderlinge

Checkliste

- Kamera
- Teleobjektiv 300 mm
- Stativ, Bohnensack
- Isomatte

Vorbereitung

Dieser kleine Watvogel aus der Familie der Strandläufer taucht vor allem im Winterhalbjahr in großen Schwärmen an unserer Nordseeküste auf. Da er dem Menschen gegenüber gar nicht so scheu ist, kann man sich ihm ohne weitere Tarnung auf Fotodistanz nähern.

Umsetzung

Meist landen kleine Trupps im flachen Wasser, um dort nach Nahrung zu suchen. Ganz offensichtlich sind sie dabei bedacht, nicht in eine Welle zu geraten. Nähern Sie sich den Vögeln daher vorsichtig und warten Sie, bis die herannahende Welle die Vögel auf Sie zutreibt.

Um mit den Vögeln auf Augenhöhe zu sein, legen Sie sich auf eine Isomatte. Das Teleobjektiv legen Sie auf einen Bohnensack. Achtung: Sand und Salzwasser sind für die Mechanik von Kamera und Objektiv tödlich!

Im Zeitautomatikmodus und Serienbildbetrieb wählen Sie die offene Blende 4.

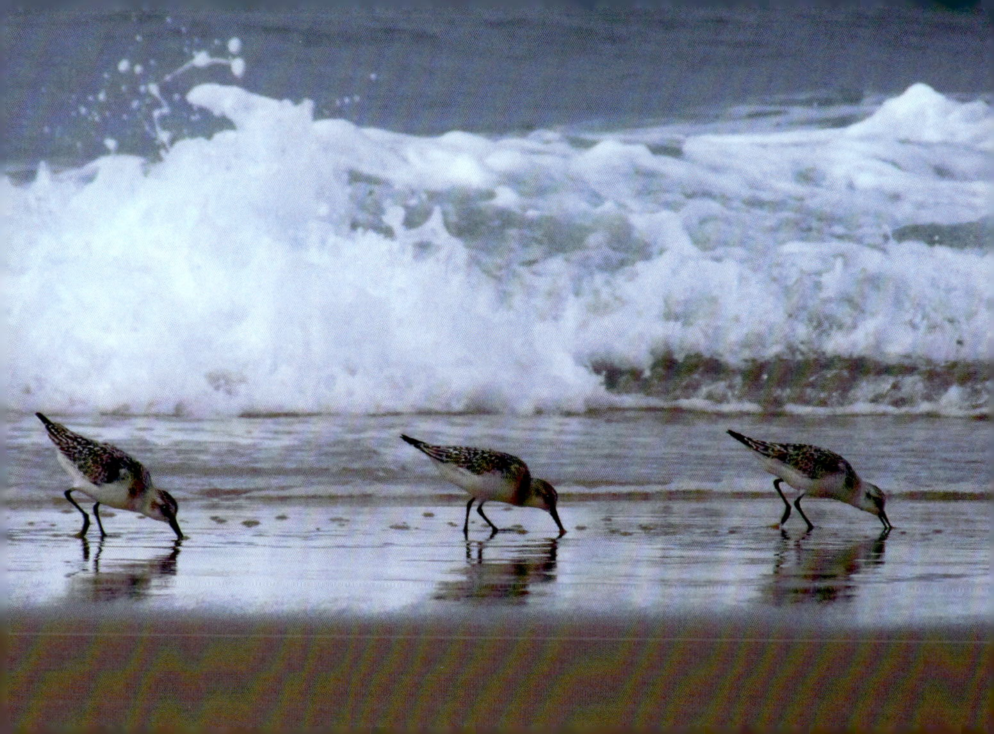

Brachvögel

Checkliste

- Kamera
- Teleobjektiv 300–600 mm
- Stativ
- PKW

Vorbereitung

Der Große Brachvogel aus der Familie der Schnepfenvögel wird bei uns leider immer seltener. Er bewohnt Feuchtwiesen und Moore. Der wehmütig-melodisch klingende Ruf kündigt seine Anwesenheit meistens an, bevor Sie ihn zu Gesicht bekommen. Zu Recht sind die Habitate, an denen er brütet, geschützt und nicht zu betreten. Vielleicht haben Sie ja das Glück, dass das Brutgebiet von einer Straße durchquert wird.

Umsetzung

Dort, wo die Vögel den Straßenverkehr gewohnt sind, bietet sich die Fotografie aus dem PKW heraus an. Dazu montieren Sie Ihre Ausrüstung schon vorab auf der Beifahrerseite. Hängen Sie das Beifahrerfenster mit einem Tarnnetz ab. Auch wenn der Vogel sich nicht an dem Wagen stört – daran, was darin vorgeht, schon! Rollen Sie langsam aus und stellen Sie den Motor ab. Lassen Sie dem Vogel ein paar Sekunden, bis Sie Ihre Optik in Position bringen.

Um eine möglichst kurze Verschlusszeit von 1/500 sec oder kürzer zu bekommen, wählen Sie eine höhere ISO-Einstellung als üblich: 400 bis 1200 ISO haben wenig bis kaum Einfluss auf die Bildqualität.

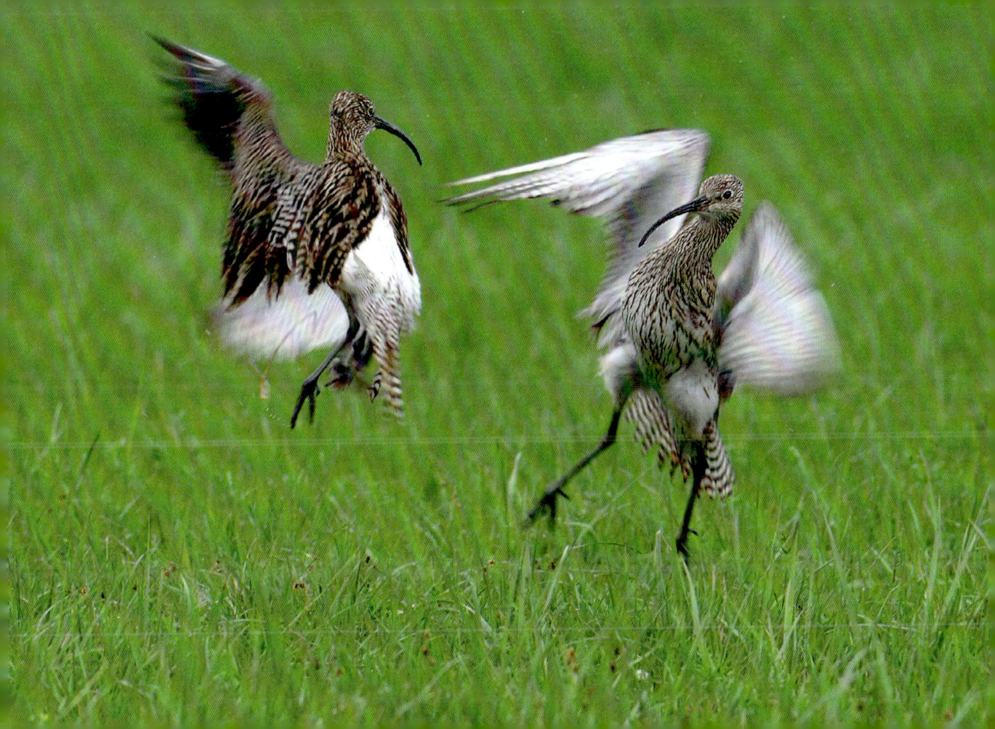

Waldohreulen

Checkliste

- Kamera
- Teleobjektiv 500 mm
- Tarnzelt

Vorbereitung

Waldohreulen sind zwischenzeitlich zu Kulturfolgern geworden. Man trifft sie außerhalb ihres natürlichen Habitats auch in Parkanlagen, Friedhöfen und Gärten. Junge Eulen sind recht unternehmungslustig und verlassen auch tagsüber mal das elterliche Nest. Wenn Sie Zeuge eines solchen Ausflugs waren, lohnt es sich, den Platz erneut aufzusuchen.

Umsetzung

Wenn möglich lassen Sie das Tarnzelt ein paar Tage zur Eingewöhnung stehen. Das letzte Sonnenlicht lässt das ansonsten noch nicht so hübsche Federkleid erstrahlen. Vermeiden Sie bei tief stehender Sonne Lichtreflektionen, indem Sie Ihre Gegenlichtblende verlängern: Pappkarton und Tesafilm tun hier ihren Dienst.

Im Zeitautomatikmodus korrigieren Sie eine halbe bis ganze Blende ins Plus. Bei manueller Belichtung stellen Sie von 1/250 sec auf 1/125 sec.

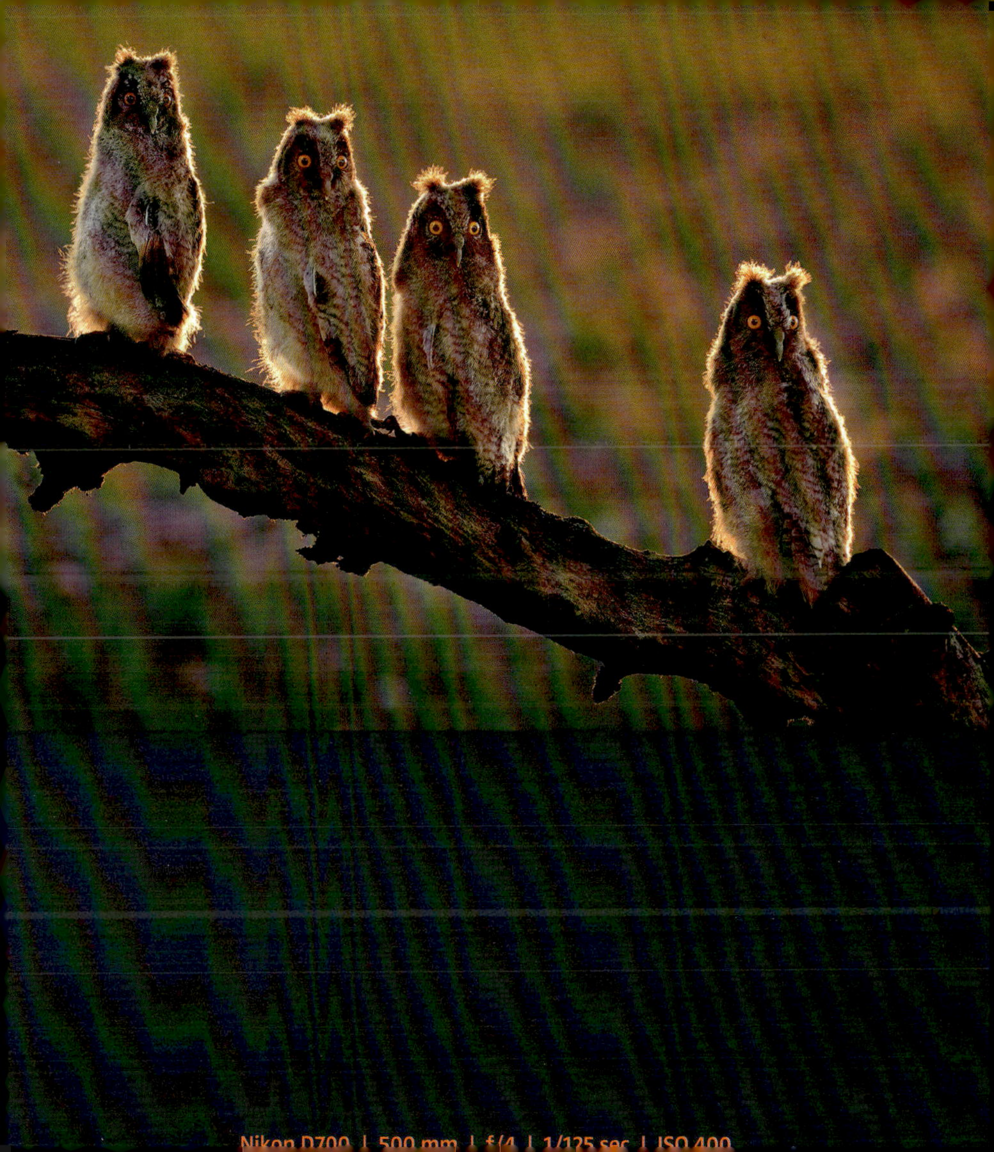

Nikon D700 | 500 mm | f/4 | 1/125 sec | ISO 400

Wintersturm

Checkliste

- Kamera
- Teleobjektiv 300 mm
- Stativ
- Schneeschuhe

Vorbereitung

In ganz wenigen Ausnahmefällen bekommt man auch mal eine Aufnahme geschenkt. Während die Familie am Skilift Plug, Slalom und Abfahrt übte, hatte es mir der drohende Schneesturm angetan. Die vom Wind gebeugten Fichten und Schneeverwehungen waren mein ursprüngliches Fotoziel. Das kreuzende Rotwild bemerkte ich recht spät.

Umsetzung

Bei diesem Mix aus Landschaft- und Tieraufnahme greifen im Grunde die Regeln der Landschaftsfotografie: Wiederkehrende Strukturen entfalten eine grafische Wirkung. Die Verdichtung durch das Teleobjektiv und die bewusste Wahl des Bildausschnitts gibt die Seele der Landschaft wieder.

Bei schwierigen Lichtverhältnissen, zudem mit Schnee, probieren Sie am besten manuell mehrere Belichtungen. Meist passt die Überbelichtung von einer Blende. Zeigt Ihre Belichtungsmessung 1/125 sec, belichten Sie daher mit 1/60 sec.

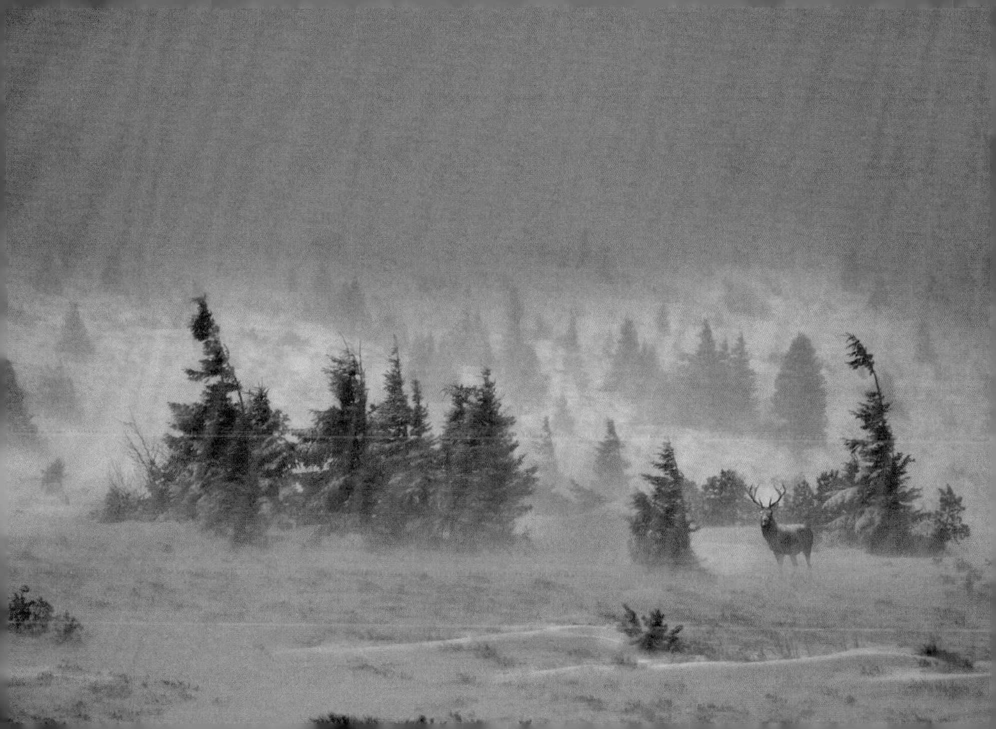

Winterfütterung

Checkliste

- Kamera
- Teleobjektiv 300–600 mm
- Stativ
- Tarnzelt

Vorbereitung

Ganz grundsätzlich wird das Thema Füttern von Vögeln im Winter in der Fachwelt kontrovers diskutiert. Beim aktuellen Kenntnisstand halte ich es persönlich für vertretbar. Wie auch immer, gerade für den Einsteiger in die Naturfotografie gibt es keine einfachere Möglichkeit, freilebenden Vögeln nahezukommen.

Umsetzung

Nehmen Sie einen attraktiven Ast oder eine Wurzel, bohren Sie Löcher hinein und füllen Sie sie mit Meisenknödeln und Nüssen. Achten Sie bei der Wahl des Standorts auf die Lichtverhältnisse: morgendliches Gegenlicht und Mitlicht am Abend wären ideal. Damit die Vögel auf das Futter aufmerksam werden, hängen Sie zunächst einige Meisenknödel offen ins Gesträuch oder an einen Baum. Später werden diese dann wieder entfernt. Stellen sich die Besucher ein, entfernen Sie regelmäßig Kot und Futterreste, damit die Vögel nicht an Keimen erkranken. Das transportable Tarnzelt kann immer wieder aufgestellt werden. Ihre Wintergäste merken schnell, dass von dem künstlichen Busch keine Gefahr droht.

Fotografieren Sie mit offener Blende 4, um eine möglichst kurze Verschlusszeit zu erhalten. Je kleiner der Piepmatz, um so flinker!

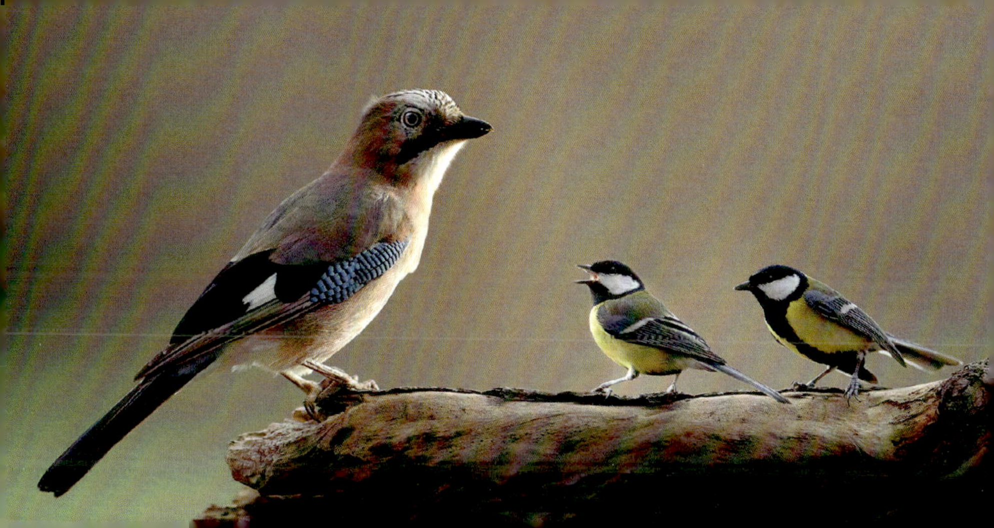

Fasane

Checkliste

- Kamera
- Teleobjektiv 300–600 mm
- Stativ
- Tarnzelt

Vorbereitung

Spätherbst und Winter sind die beste Jahreszeit für eine solche Aufnahme. Gern suchen Fasane dann die Nähe von Wildfutterkrippen auf, um dort nach Mais und Getreideresten zu suchen. Am sichersten ist es, sich mit dem zuständigen Revierförster abzusprechen: In aller Regel wird er gegen Ihre Anwesenheit keine Einwände haben.

Umsetzung

Besorgen Sie sich in einer Zoohandlung Körnerfutter für Kaninchen oder Vögel. Bringen Sie das Futter über den Zeitraum von mindestens einer Woche an den Platz, an dem Sie die Vögel aufnehmen wollen. Achten Sie beim Standort auf Licht und Hintergrund. Überprüfen Sie regelmäßig, ob das Futter am nächsten Tag noch da ist. Wenn nicht, kann es losgehen.

Das erste zarte Morgenlicht harmoniert wunderbar mit dem Gefieder der Vögel. Eine möglichst tiefe Kameraposition und Offenblende 4 im Zeitautomatikbetrieb sorgt für einen gleichmäßigen Hintergrund.

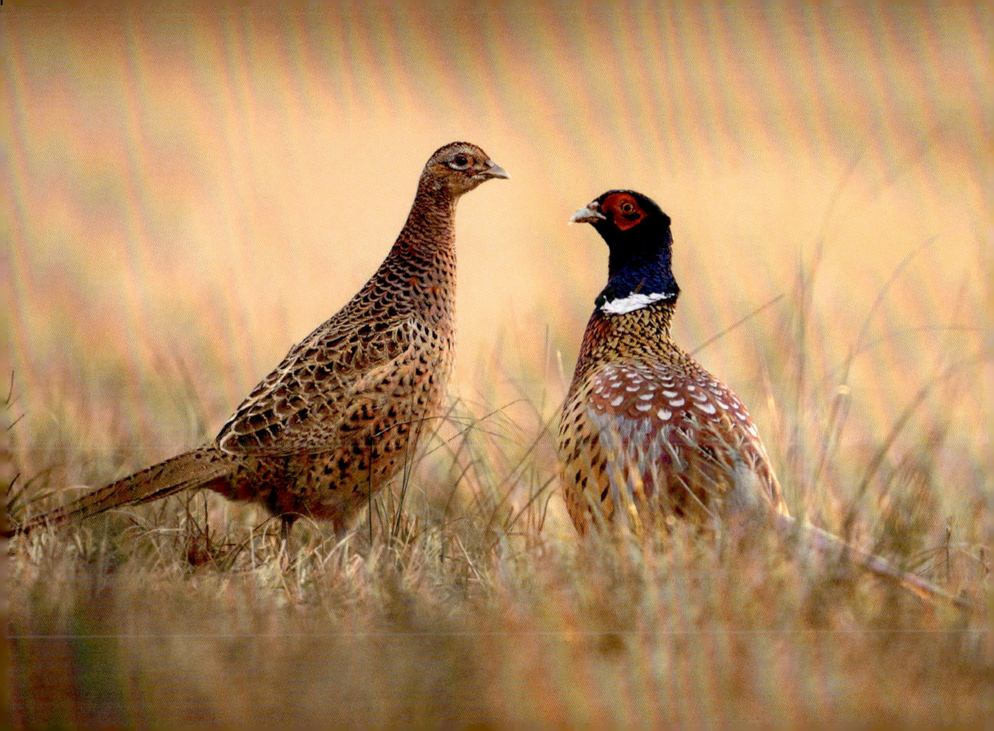

Wasseramsel

Checkliste

- Kamera
- Teleobjektiv 300–600 mm
- Stativ
- Tarnzelt

Vorbereitung

Wasseramseln bewohnen sauerstoffreiche schnellfließende und saubere Fließgewässer. Achten Sie auf verräterische weiße Kotspuren auf den Steinen. Dies sind dann meist auch ihre bevorzugten Sitzplätze. Von dort aus stürzt der Vogel sich in die Fluten, taucht und erbeutet Wasserinsekten.

Umsetzung

Die Perspektive flussaufwärts ist die günstigste. Bei der Wahl des Standorts Ihres Tarnzeltes achten Sie darauf, einen möglichst flachen Blick auf den Vogel zu bekommen. Das ist am ehesten an kleinen Wasserfällen oder Staustufen gegeben. So kommen Sie mit dem Vogel auf Augenhöhe, ohne nass zu werden. Bedeckte Tage im zeitigen Frühjahr sind günstig. So bekommen Sie die Belichtung des dunklen Vogels mit seinem weißen Brustfleck am besten bewältigt.

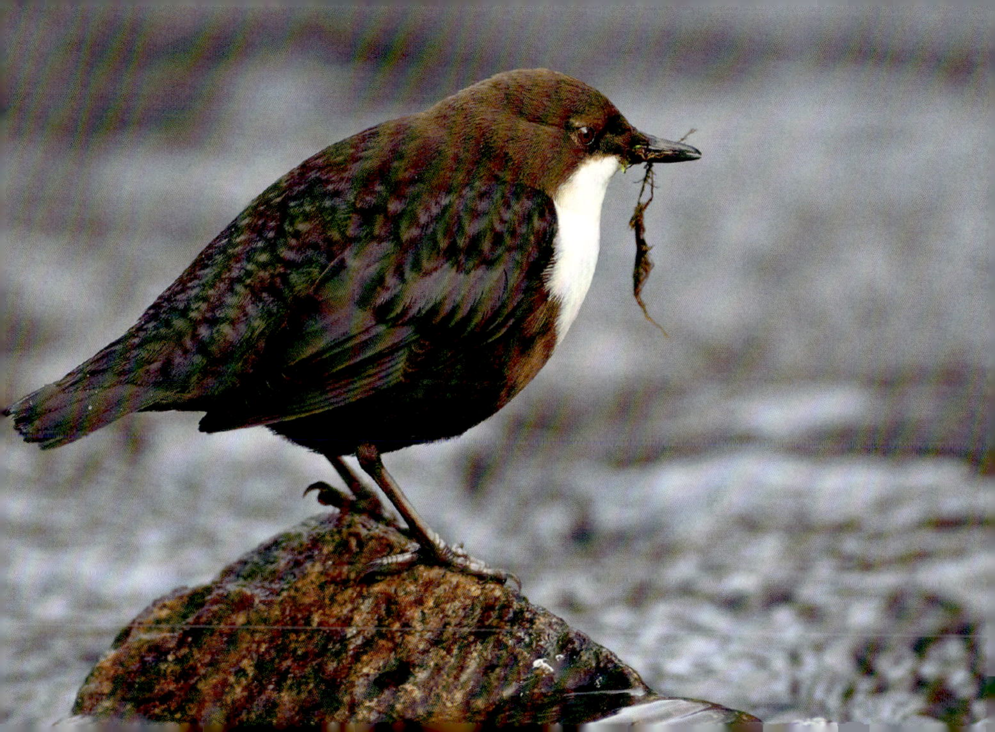

Nutria

Checkliste

- Kamera
- Teleobjektiv 300 mm
- Stativ, Bohnensack
- Isomatte
- Mais

Vorbereitung

Nutrias (auch Biberratten oder Sumpfbiber genannt) wurden im letzten Jahrhundert aus Nordamerika eingeführt. Die aus den Pelzzuchten entflohenen Exemplare fühlten sich schnell bei uns wohl. Heute gibt es kaum ein Gewässer, an dem die Nager nicht vorkommen. In Ballungsgebieten haben sie die Scheu vor dem Menschen ganz abgelegt: Nutrias lassen sich mit Mais bestechen. Bringen Sie an geeigneter Stelle regelmäßig ein paar Maiskolben aus.

Umsetzung

Die Tiere gewöhnen sich schnell an Ihre Anwesenheit. Haben sie gemerkt, dass von Ihnen keine Gefahr ausgeht, können Sie auf Tarnung verzichten. Ein flach auf dem Boden liegender Fotograf wirkt zudem nicht so bedrohlich wie ein stehender, und eine bodennahe Perspektive schafft eine intime Bildsituation.

Offene Blende 4 und eine kurze Belichtungszeit sind die richtige Wahl.

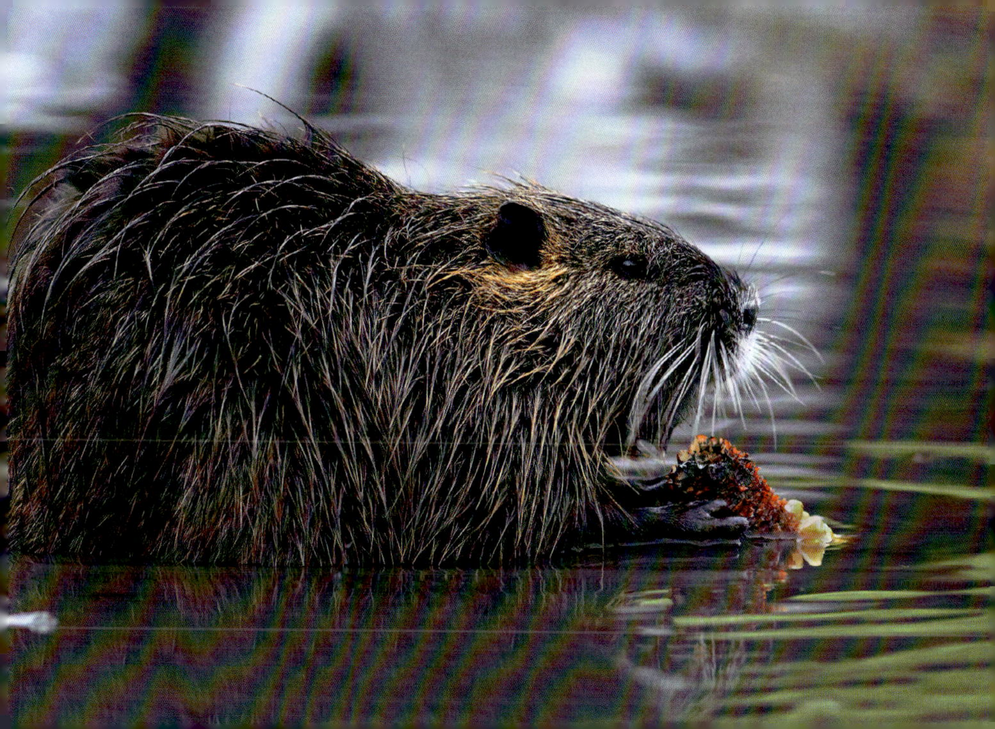

Füchse

Checkliste

- Kamera
- Teleobjektiv 300–600 mm
- Stativ
- Hundefutter

Vorbereitung

Wenn Sie keinen Fuchsbau kennen, nehmen Sie Kontakt mit dem Revierförster auf. Da Fuchsbauten in aller Regel über mehrere Ausgänge verfügen, macht es Sinn, die Tiere auf einen Ausgang zu konditionieren. Dies gelingt am besten mit der regelmäßigen Gabe von Hundefutter. Wenn Sie es immer zur gleichen Uhrzeit auslegen, bringen die Jungfüchse Sie schnell mit Leckerbissen in Verbindung. Auf eine zusätzliche Tarnung können Sie dann verzichten.

Umsetzung

Bei aller entstandenen Vertrautheit: Vor Ihnen sitzen Wildtiere. Bleiben Sie daher respektvoll und verhalten Sie sich umsichtig. Begrenzen Sie die Futterzugabe auf das Minimum. Sollte Mutter Fuchs Ihre Anwesenheit nicht tolerieren, wird sie die nächste Nacht mit dem Nachwuchs einfach umziehen.

Eine tiefe Kameraperspektive bei kurzer Verschlusszeit und offener Blende 4 sind die richtige Wahl.

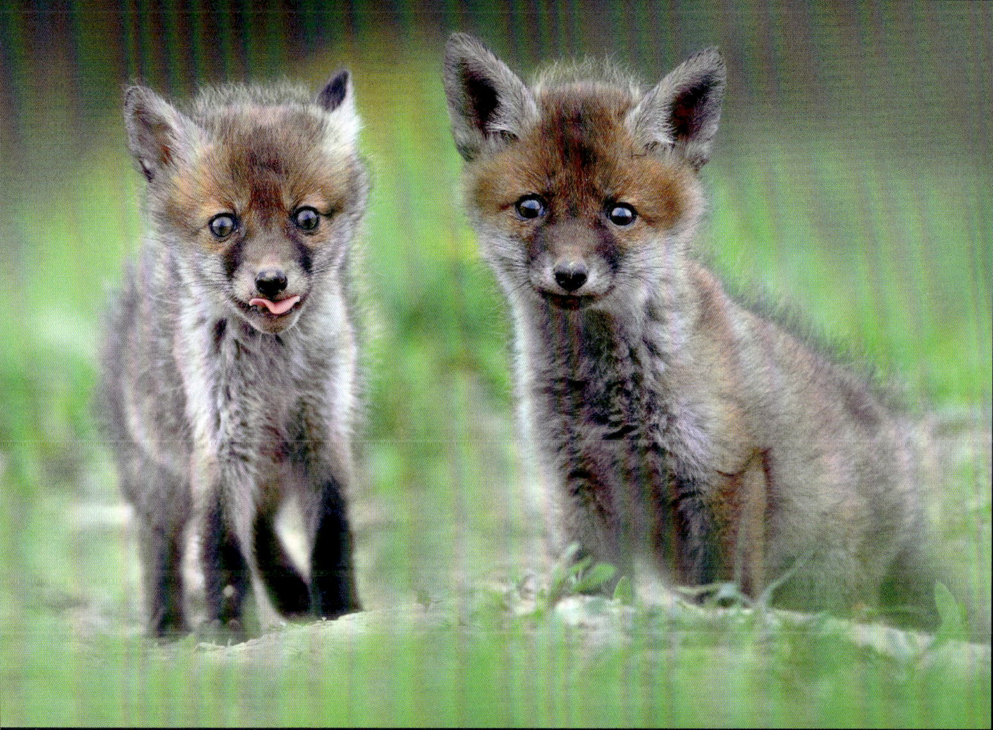

Nikon D700 | 300 mm | f/4 | 1/350 sec | ISO 400

Eisvögel

Checkliste

- Kamera und Stativ
- Teleobjektiv 300–500 mm
- Tarnzelt, Fischwanne und Fische

Vorbereitung

Um kontrollierte Bedingungen zu schaffen, müssen Sie etwas Aufwand betreiben: Eine im Gewässer versenkte Kunststoffwanne gefüllt mit kleinen Fischen wird schnell zum gewünschten Erfolg führen. Wenn Sie über einen längeren Zeitraum ansitzen wollen, empfiehlt sich eine Zusatzwanne, in der Sie die Fische hältern. Den attraktiven Ast als Ansitz für den Vogel befestigen Sie mit einem ausgedienten Christbaumständer oder einer Schraubzwinge.

Umsetzung

Sobald Sie den Vogel in der Nähe der Wanne gesichtet haben, kann das transportable Tarnzelt zum Einsatz kommen, um den Aufnahmeabstand täglich zu verkleinern. Nach wenigen Tagen wird sich der Eisvogel daran gewöhnt haben und ungeniert vor Ihnen fischen.

TIPP

Achten Sie beim Fischkauf unbedingt darauf, dass es sich um eine einheimische Art handelt, etwa Moderlieschen oder Rotfedern. Dem Vogel ist es egal, jedoch dürfen keine Exoten in unsere heimischen Gewässer kommen. Und: Aufnahmen während der Brutzeit in der Nähe der Nisthöhle sind tabu und untersagt – aber bei unserer Vorgehensweise auch gar nicht notwendig.

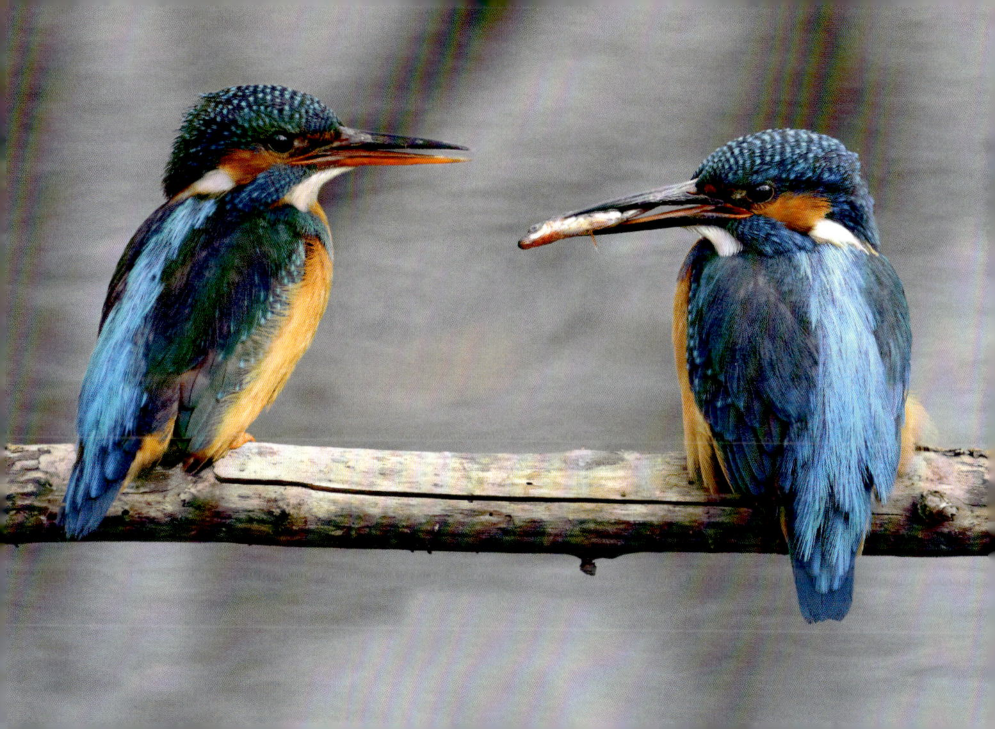

Gämse

Checkliste

- Kamera
- Teleobjektiv 300–600 mm
- Stativ

Vorbereitung

Ob an stark frequentierten Wanderwegen oder in der Nähe eines Lifts: Wo Wildtiere auf viele Menschen treffen und dabei keine schlechten Erfahrungen machen, legen sie die Scheu weitgehend ab. Die damit einhergehende geringe Fluchtdistanz ist eine optimale Voraussetzung für eine gelungene Aufnahme.

Umsetzung

Frühmorgens oder spätabends sind nicht mehr viele Wanderer unterwegs. Gämsen haben bevorzugte Routen, die sie zur Nahrungssuche immer wieder benutzen. Bauen Sie Ihre Ausrüstung auf und warten Sie. Normalerweise sollte man bei der Fotografie von Wildsäugern auf die Windrichtung achten. In diesem Fall darf die Gämse Ihre Witterung ruhig aufnehmen. Das Tier weiß dann von Ihrer Anwesenheit und erschrickt nicht plötzlich.

Um Tier und Landschaft scharf zu bekommen, blenden Sie drei Stufen von Blende 4 auf Blende 11 ab.

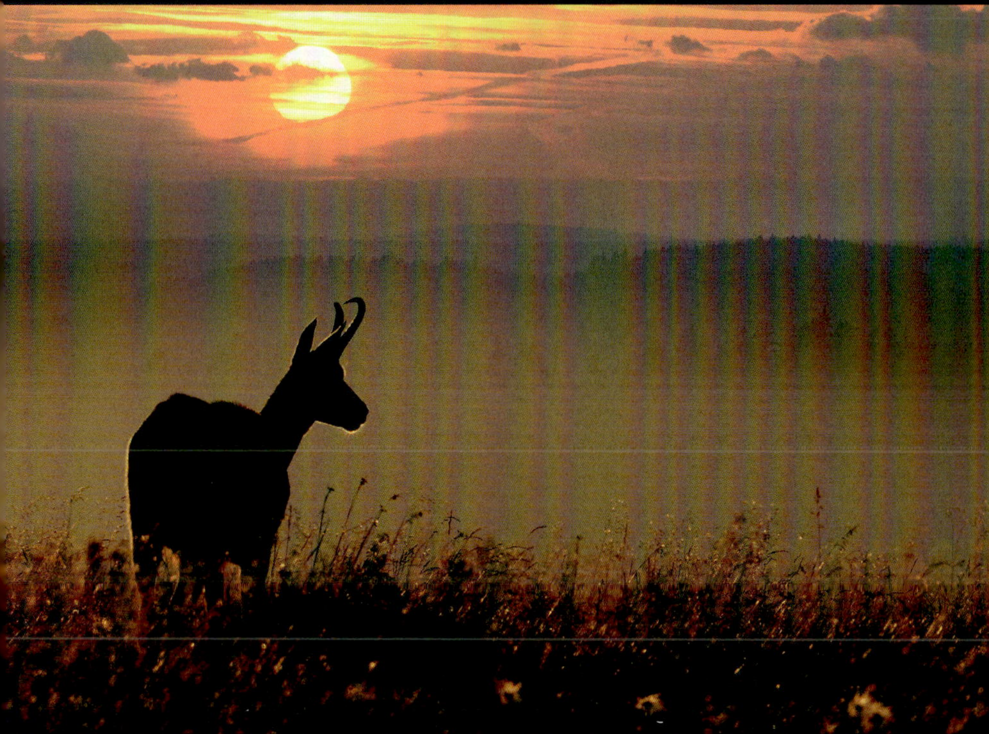

Nikon D300 | 300 mm | f/11 | 1/320 sec | ISO 200

Gorilla

Checkliste

- Kamera
- Teleobjektiv 300–600 mm
- Stativ
- Fernauslösekabel

Vorbereitung

Der Vorteil von Zoos gegenüber Wildlife liegt auf der Hand. Da läuft nichts weg und Sie können sich auf Technik und Gestaltung konzentrieren. Klären Sie an der Kasse, ob Fotografie erlaubt ist. Sollten Sie die Aufnahme später veröffentlichen wollen, weisen Sie mit einem „c" wie „captured", also in Gefangenschaft, auf die Entstehung des Bildes hin.

Umsetzung

Die Fotografie von Primaten bietet sich besonders in der kalten Jahreshälfte an. Dann halten sich die Tiere in den Innenbereichen auf und können mit geringem Aufnahmeabstand fotografiert werden.

Achten Sie beim Fotografieren durch die Glasscheibe auf Spiegelungen. Meist ist ein leicht schräger Winkel der günstigste. Halten Sie dabei mehrere Meter Abstand: Zum einen aus Respekt gegenüber Ihrem Artverwandten, zum anderen, um mögliche Verschmutzungen auf der Glasfläche zu minimieren.

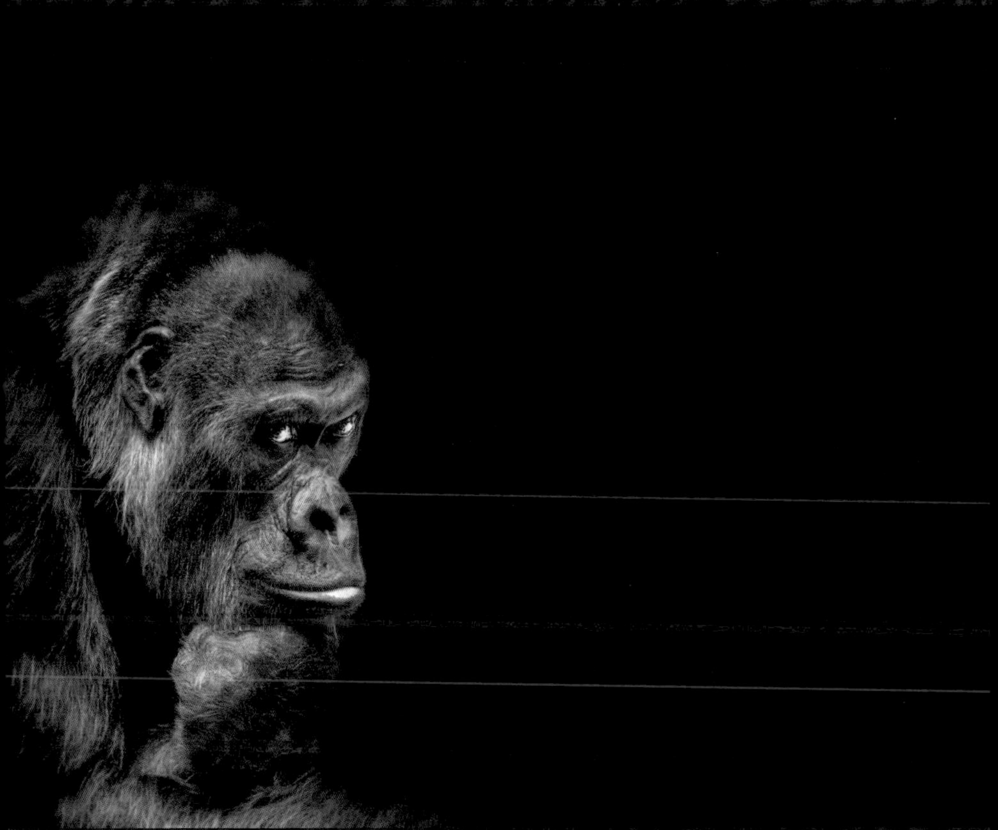

Nikon D700 | 500 mm | f/4 | 1/15 sec | ISO 800 | Spiegelvorauslösung

Löwe

Checkliste

- Kamera
- Teleobjektiv 300–600 mm
- Stativ
- Fernauslösekabel

Vorbereitung

Wie bei der Gorilla-Aufnahme lässt der Aufenthalt der Tiere im Innenbereich viel Spielraum bei der technischen Realisierung. Für die leicht surrealistische Bildwirkung kommt hier die HDR-Technik zum Einsatz.

Umsetzung

Vorausgesetzt Ihr Model hält einige Sekunden still, erstellen Sie eine Belichtungsreihe mit fünf verschieden Belichtungszeiten. Nutzen Sie dafür entweder die Bracketing-Funktion Ihrer Kamera oder belichten Sie manuell mit fünf unterschiedlichen Belichtungszeiten: zwei Überbelichtungen, zwei Unterbelichtungen und der von Ihrer Kamera empfohlenen Belichtungszeit.

Experimentieren Sie mit Ihrer HDR-Software, bis Sie ein ansprechendes Ergebnis haben.

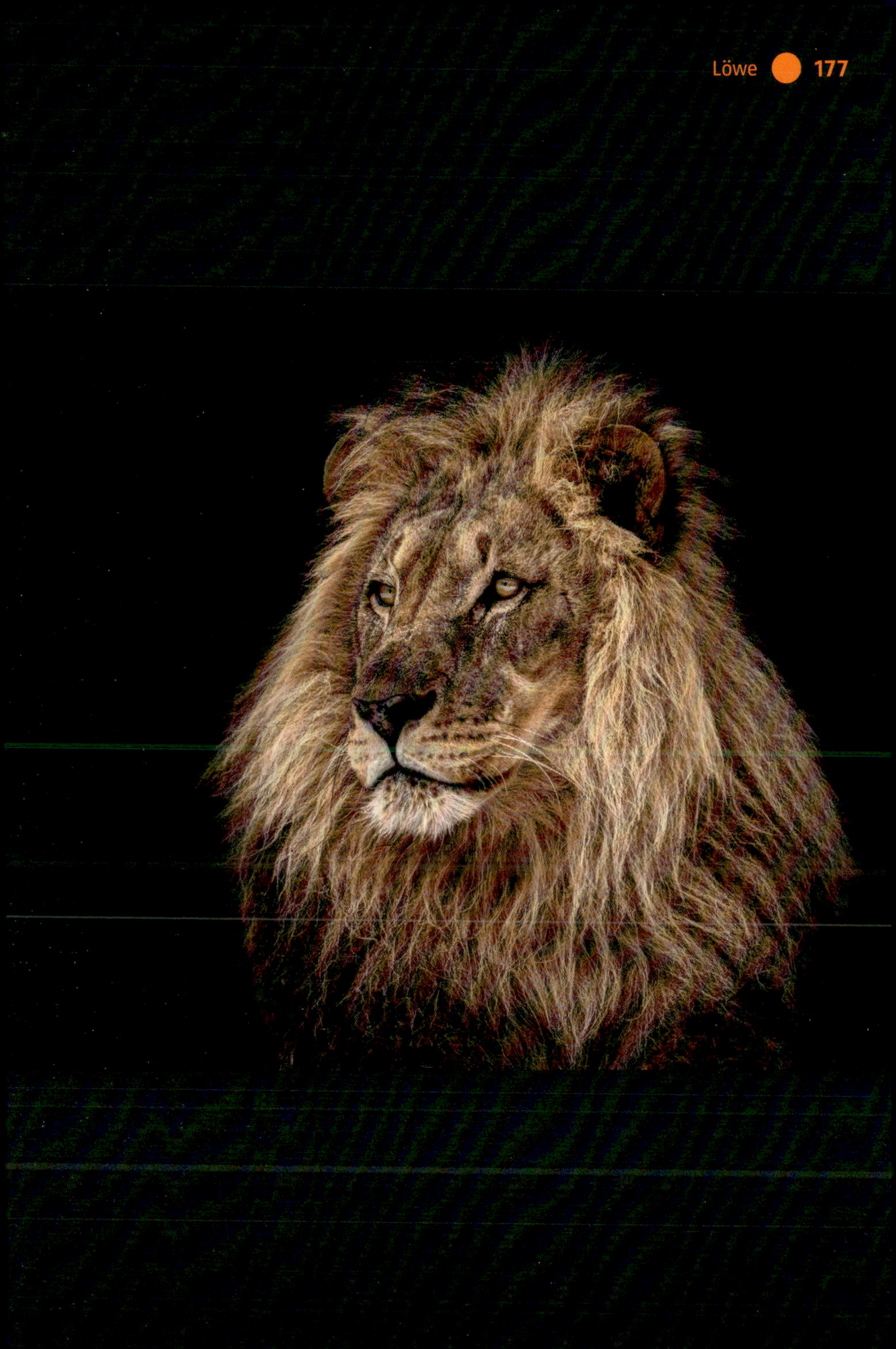

Nikon D700 | 500 mm | f/8 | 1/15 sec – 1/30 sec – 1/60 sec – 1/125 sec – 1/250 sec | ISO 400 | Spiegelvorauslösung

Graureiher

Checkliste

- Kamera
- Teleobjektiv 300 mm
- Stativ
- Dreibeinhocker

Vorbereitung

In der freien Wildbahn sind Graureiher scheue Gesellen. Schwach werden sie, wenn reichlich Fisch angeboten wird. Zoos und Tierparke üben eine magnetische Anziehungskraft auf den Vogel aus. Ob bei den Pelikanen oder Seehunden – überall fällt reichlich Fisch für den Reiher ab, *die* Gelegenheit für Sie, einem Wildtier auf wenig Meter ohne Tarnung zu begegnen.

Umsetzung

Erkundigen Sie sich über die Fütterungszeiten. Sichern Sie sich rechtzeitig einen guten Platz, bei dem Sie davon ausgehen können, viel Nähe zum Geschehen zu haben. Mit einem Dreibeinhocker wird die Wartezeit angenehmer. Trotz kontrollierter Bedingungen haben Sie es mit einem Wildvogel zu tun, insofern sollten Sie hektische Bewegungen und Standortänderungen vermeiden.

Mit einer kurzen Verschlusszeit von mindestens 1/1000 sec sollten Sie die Bewegung „eingefroren“ bekommen.

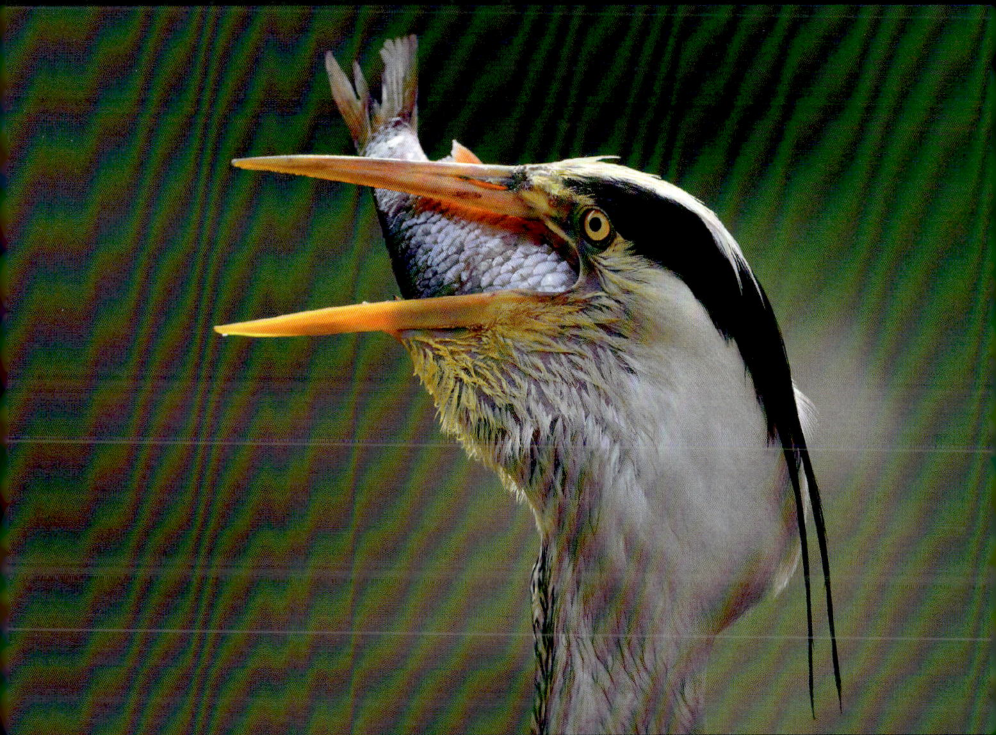

Nikon 300 | 300 mm | f/4 | 1/1000 sec | ISO 400

Kiebitz

Checkliste

- Kamera
- Teleobjektiv 300–600 mm
- Stativ
- PKW

Vorbereitung

Das Vorkommen dieser zu den Regenpfeifern gehörenden Art ist leider stark zurückgegangen. Kiebitze sind Bodenbrüter und die Küken als Nestflüchter schon kurze Zeit nach dem Schlüpfen auf den Beinen. Da sowohl Eltern als auch Nachwuchs immer unterwegs sind, bietet sich der Versuch aus dem Auto heraus an. Ein befahrbarer Feldweg führt am ehesten zu einem Ergebnis.

Umsetzung

Bauen Sie Ihre Ausrüstung auf der Beifahrerseite auf. Hängen Sie die Tür mit einem Tarnnetz ab. Aus einem PKW heraus auf einen solch kleinen Piepmatz herunter ergibt sich eine ungünstige Perspektive. Wenn Sie Glück haben, bewegt sich Ihr Motiv auf einer kleinen Anhöhe, alternativ können Sie auch versuchen, den Wagen in einer Bodenmulde oder Senke abzustellen.

Wählen Sie Zeitautomatik im Serienbildmodus.

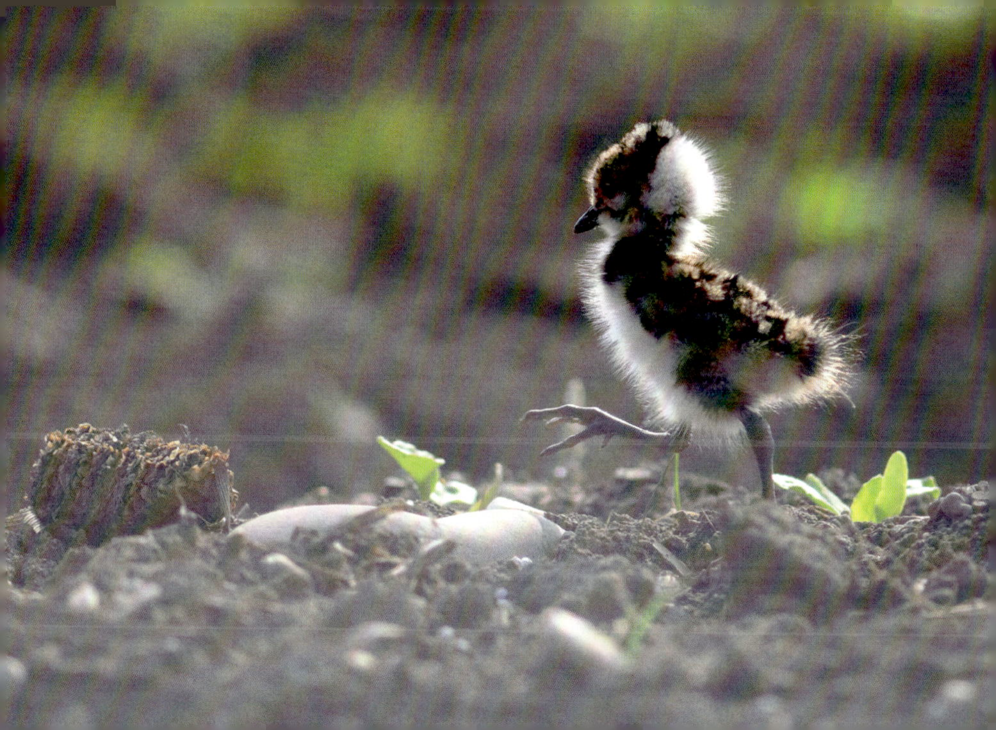

Neuntöter

Checkliste

- Kamera
- Teleobjektiv 300–500 mm
- Stativ
- Tarnzelt
- Mehlwürmer

Vorbereitung

Neuntöter bewohnen offene Wiesenflächen. Von Ansitzwarten aus gehen sie auf die Jagd nach Insekten, Spinnen und auch mal einem kleinen Nager. Beobachten Sie vorab mit dem Fernglas und finden Sie seinen Lieblingsansitz heraus. Dort kann später Ihr Tarnzelt stehen.

Umsetzung

Die Frequenz, in der der Vogel seinen Ansitz aufsucht, können Sie durch Beigabe von Mehlwürmern steigern. Es gibt sie in jedem Zoohandel. Ungekühlt verpuppen sie sich rasch, kühl und trocken im Kühlschrank halten sie mehrere Wochen. Am besten mit Ihren Mitbewohnern abstimmen, das Entsetzen ist sonst groß!

Versenken Sie ein flaches Gefäß in den Boden und geben Sie über mehrere Tage immer wieder einzelne Mehlwürmer hinein. Sobald Sie sicher sind, den Vogel bei der Nahrungsaufnahme beobachtet zu haben, stellen Sie das Tarnzelt auf.

Serienbildmodus mit Zeitautomatikeinstellung und leicht abgeblendet auf Blende 5.6.

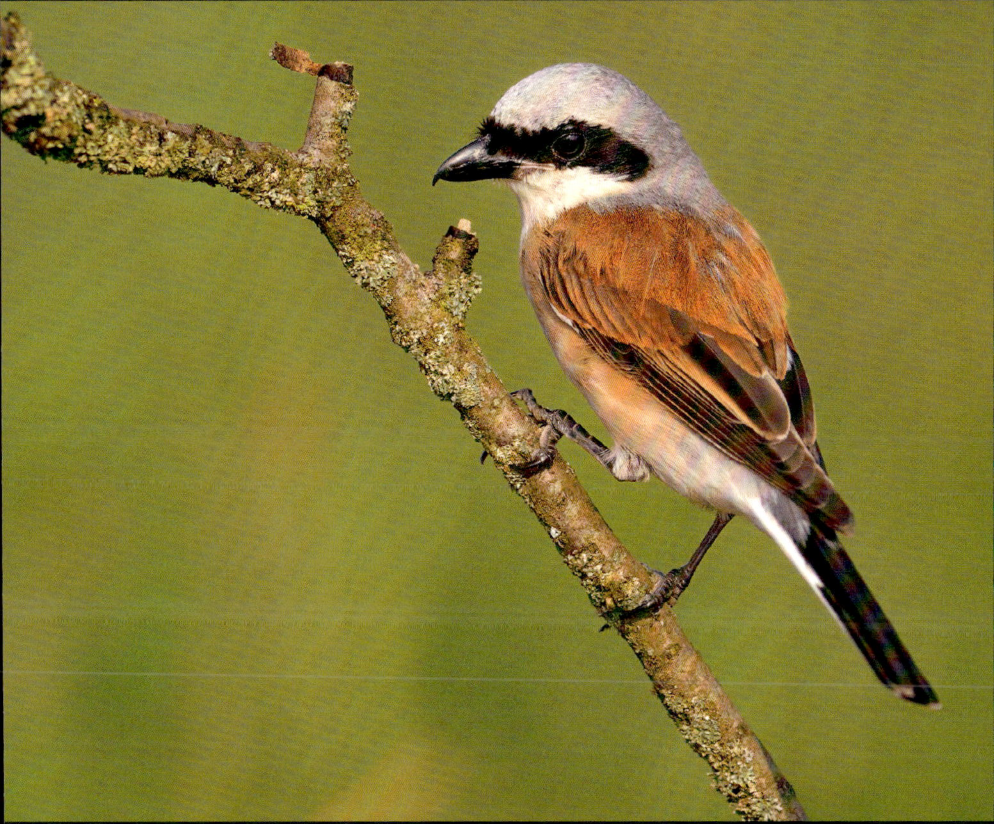

Nikon D700 | f/5.6 | 1/500 sec | ISO 200

Kleiber

Checkliste

- Kamera
- Teleobjektiv 300–600 mm
- Stativ
- Tarnzelt
- Vogelstimmen-App oder -CD

Vorbereitung

Seinen Namen verdankt der Kleiber dem Umstand, dass er den Eingang von Spechthöhlen mit Lehm verklebt, bis das Eingangsloch gerade noch so seiner Körpergröße entspricht. Seine Balz- und Revierrufe sind ganzjährig zu hören. Besorgen Sie sich eine Vogelstimmen-App.

Umsetzung

Um den Atemhauch des Vogels gut sichtbar zu bekommen, braucht es eine tiefe Außentemperatur. Die kalte Jahreszeit oder das zeitige Frühjahr ist dafür ideal. Das Tarnzelt steht am besten so, dass Sie einen einzeln stehenden Baumstamm im leichten Gegenlicht haben.

Spielen Sie die Kleiberrufe ab, übertreiben Sie diese Strategie jedoch nicht durch zu häufiges Wiederholen. Erstens kann man nicht ausschließen, dass es zu einer Stresssituation für den Vogel kommt, zweitens verpufft der Effekt nach kurzer Zeit, wenn der Kleiber den Braten gerochen hat.

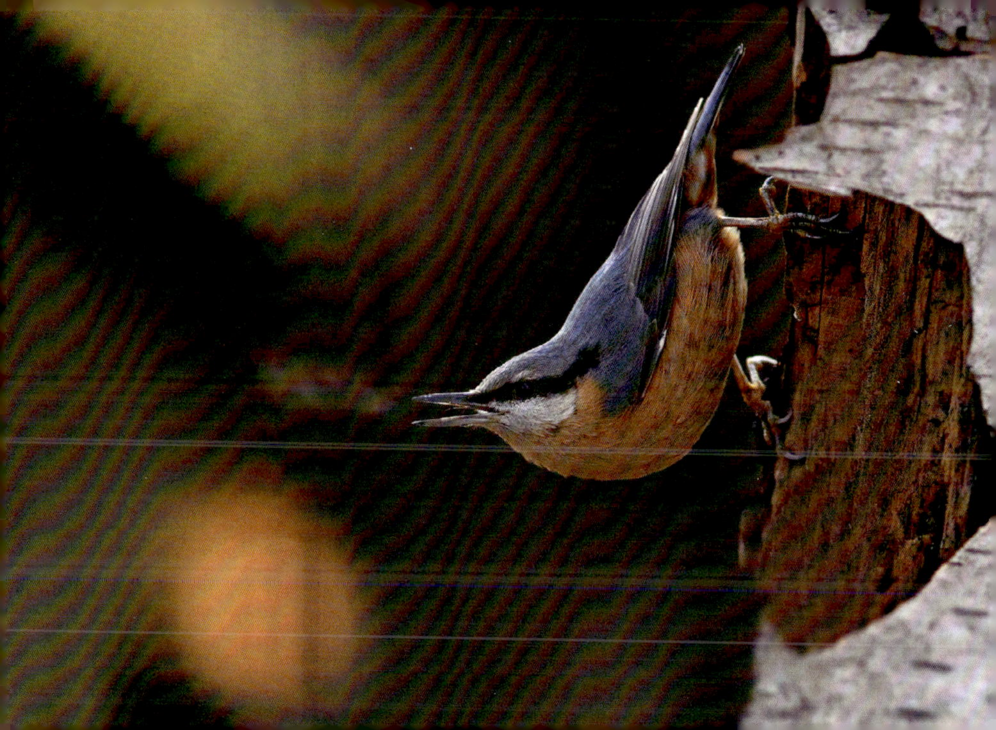

Feldlerche

Checkliste

- Kamera
- Teleobjektiv 300–500 mm
- Stativ
- Tarnzelt

Vorbereitung

Der Gesang der Feldlerche gehörte einst zum klassischen Lied unserer Wiesenlandschaft. Monokultur und intensive Landwirtschaft haben dem Vogel schwer zugesetzt. Dort, wo sie noch vorkommt, lässt sie sich gerne auf Singwarten nieder. Gesungen wird dann entweder direkt von dort aus oder sie steigt auf, lässt sich im Singflug fallen und landet wieder.

Vorbereitend werden wahrscheinlich einige Stunden Recherche notwendig. Je weniger Angebote die Lerche zum Ansitzen hat, umso besser stehen Ihre Erfolgsaussichten. Manche Vogelarten reagieren auf Veränderungen in ihrem Lebensraum empfindlich, daher sollte zur Eingewöhnung das Tarnzelt mehrere Tage stehen.

Umsetzung

Wenn Sie im Tarnversteck sitzen, legen Sie Schärfe und Bildausschnitt schon vor der Landung des Vogels fest. Achten Sie darauf, den Vogel nicht in der Bildmitte zu platzieren.

Eine offene Blende von 4 ergibt wie immer einen ruhigen Hintergrund, und eine Verschlusszeit von 1/250 sec oder kürzer im Zeitautomatikmodus reduziert die Verwacklungsgefahr.

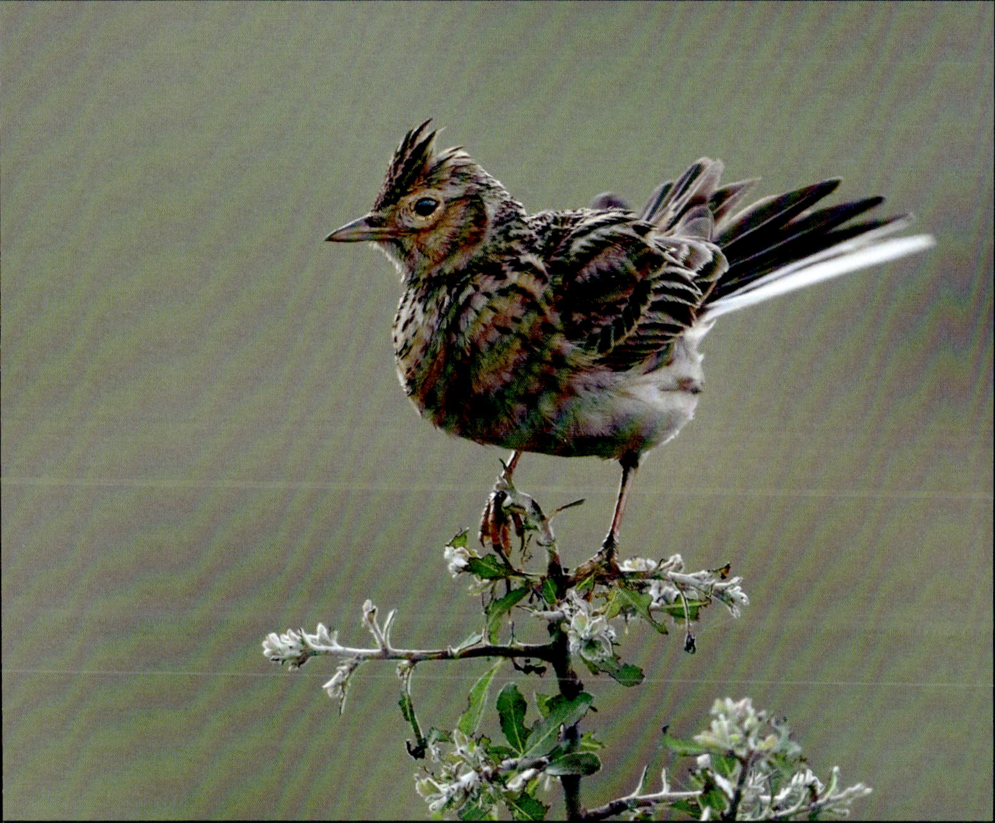

Nikon D300 | 500 mm | f/4 | 1/250 sec | ISO 200

Habicht

Checkliste

- Kamera und Stativ
- Teleobjektiv 500 mm
- Tarnzelt
- Fleischabfälle

Vorbereitung

Unsere Greifvögel sind rechte Heimlichtuer, das gilt besonders für den Habicht. Während Sie Turmfalken, Bussarde oder Milane häufiger zu Gesicht bekommen, lebt der Habicht versteckt. Richten Sie in der kalten Jahreszeit einen sogenannten Luderplatz ein: Regelmäßig ausgebrachte Fleischabfälle garantieren schnell eine hohe Besucherzahl. Die Proteinzugabe im Winter wird gern genutzt.

Befestigen Sie einen attraktiven Ast an einem ausgedienten Christbaumständer oder einer Schraubzwinge, der als Landeplatz für den Greif taugt, denn ein Foto des Vogels am Boden, umgeben von Fleischabfällen, hat wenig Ästhetik.

Umsetzung

Sitzen Sie im Tarnversteck, legen Sie Bildausschnitt und Schärfe schon fest, bevor der Vogel landet. Objektivschwenks oder Bewegungen im Tarnzelt führen zum Abflug: Den Augen eines Greifvogels entgeht keine Bewegung!

Für einen ruhigen Hintergrund und kurze Belichtungszeit wählen Sie Blende 4. Bei Gegenlicht korrigieren Sie um plus eine Blende, bei dieser Aufnahme von 1/1000 sec auf 1/500 sec.

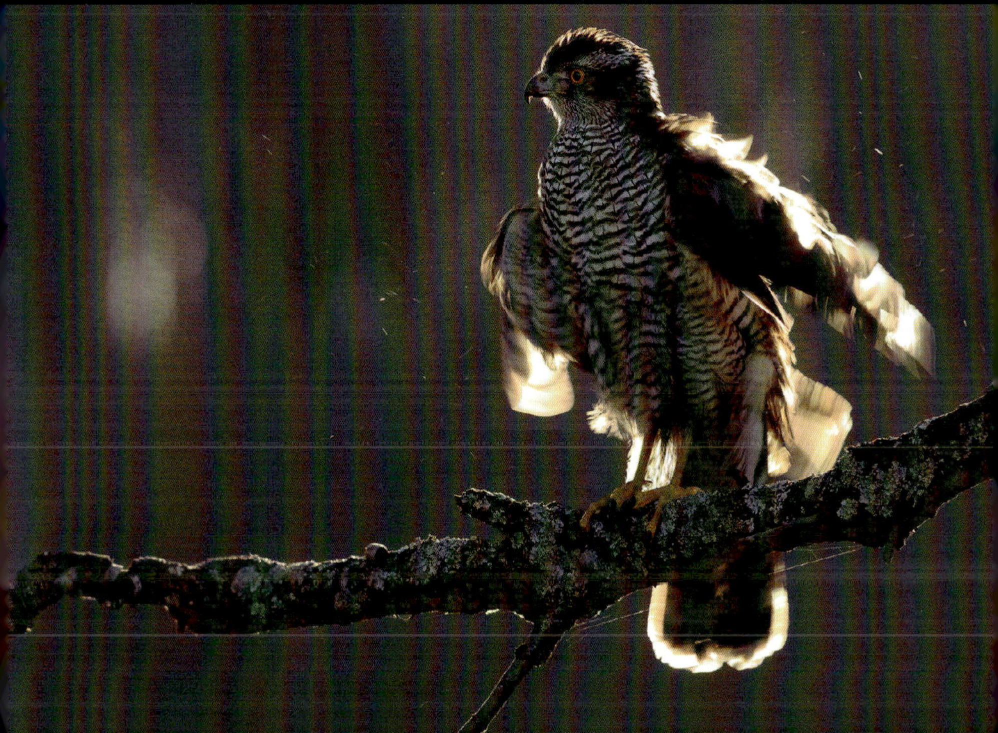

Nikon D700 | 500 mm | f/4 | 1/500 sec | ISO 200

In 150 Fotos um die Welt

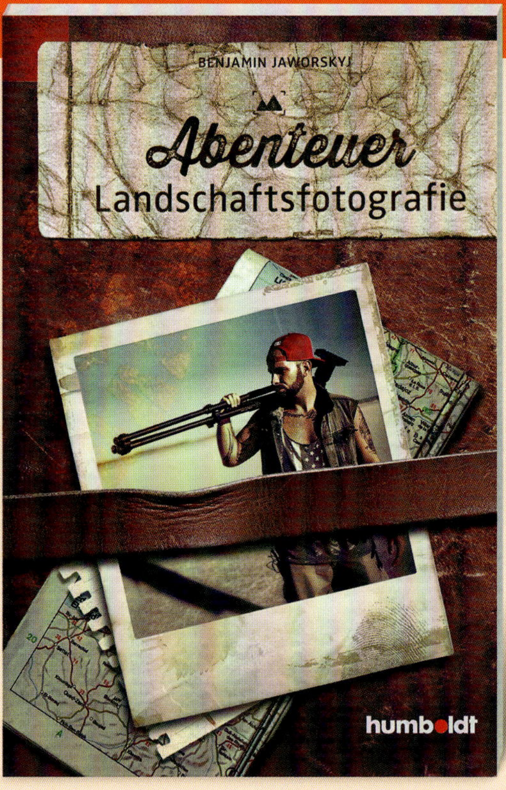

Stand 2017. Änderungen vorbehalten.

- Der neue Fotoratgeber von Abenteuer-fotograf und Social Media-Star Benjamin Jaworskyj
- Noch nie wurde Land-schaftsfotografie so verständlich erklärt
- Alle wichtigen Grundlagen und Kameraeinstellungen: Perfekt für Hobby-fotografen und Foto-grafie-Begeisterte
- Viele Schritt-für-Schritt-Workshops zum Nachmachen, Lernen und zur Inspiration

Benjamin Jaworskyj

Abenteuer Landschaftsfotografie

224 Seiten, ca. 150 Fotos
14,5 x 21,5 cm, Broschur
ISBN 978-3-86910-224-5
€ 26,99 [D]/€ 27,80 [A]

Der Ratgeber ist auch als eBook erhältlich.

Ganz nah dran

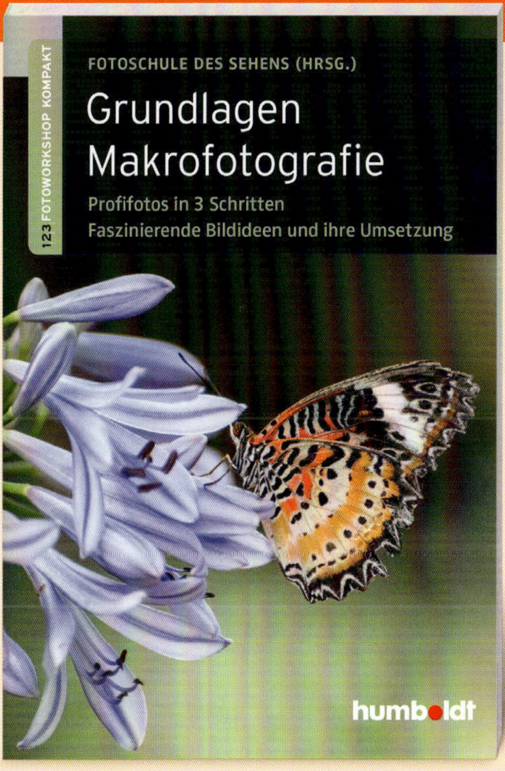

- Für den gelungenen Einstieg in die Makrofotografie, kein theoretisches Wissen nötig!
- 64 faszinierende Bildideen und ihre Umsetzung
- Beispiele und Anleitungen für alle wichtigen Makro-Motive – für drinnen und draußen: Pflanzen, Insekten, Naturausschnitte, Produkte wie Münzen oder Schmuck, u. v. m.

Stand 2017. Änderungen vorbehalten.

Fotoschule des Sehens (Hrsg.)

Grundlagen Makrofotografie

224 Seiten, ca. 100 Fotos
11,8 x 17,0 cm, Broschur
ISBN 978-3-86910-211-5
€ 16,99 [D]/€ 17,50 [A]

Der Ratgeber ist auch als eBook erhältlich.

humboldt
...bringt es auf den Punkt.

Bibliografische Information der Deutschen Nationalbibliothek
Die Deutsche Nationalbibliothek verzeichnet diese Publikation in der Deutschen Nationalbibliografie; detaillierte bibliografische Daten sind im Internet über http://dnb.ddb.de abrufbar.

ISBN 978-3-86910-359-4 (Print)
ISBN 978-3-86910-400-3 (PDF)
ISBN 978-3-86910-401-0 (EPUB)

Der Autor: Thomas Kaiser brachte sich das Fotografieren autodidaktisch bei. Der gebürtige Schwarzwälder lebt seit dem Studium mit Familie am südlichen Oberrhein. Er ist seit 25 Jahren Mitglied in der Gesellschaft Deutscher Tierfotografen (GDT). Sein fotografischer Schwerpunkt liegt in der Naturfotografie vor der „Haustüre" mit Schwarzwald, Vogesen und Rheintal.
Mehr unter www.naturfoto-thomaskaiser.de

Originalausgabe

Eine Marke der Schlüterschen Verlagsgesellschaft mbH & Co. KG,
Hans-Böckler-Allee 7, 30173 Hannover
www.schluetersche.de
www.humboldt.de

Lektorat: Linda Strehl, München
Covergestaltung: semper smile Werbeagentur GmbH, München
Covermotiv: Thomas Kaiser; shutterstock/xpixel
Satz: PER Medien+Marketing GmbH, Braunschweig
Druck und Bindung: Grafisches Centrum Cuno GmbH & Co. KG, Calbe